Goles
de HISTÓRIA da
CERVEJA

SÉRGIO BARRA

Goles
de HISTÓRIA da
CERVEJA

Copyright © 2024 Sérgio Barra

Editores: José Roberto Marinho e Victor Pereira Marinho
Projeto gráfico e Diagramação: Horizon Soluções Editoriais
Capa: Horizon Soluções Editoriais
Imagem da capa: Adobe Stock Photo

Texto em conformidade com as novas regras ortográficas do Acordo da Língua Portuguesa.

Dados Internacionais de Catalogação na Publicação (CIP)
(Câmara Brasileira do Livro, SP, Brasil)

Barra, Sérgio

　　Goles de história da cerveja / Sérgio Barra. – São Paulo: LF Editorial, 2024.

　　Bibliografia.
　　ISBN: 978-65-5563-419-8

　　1. Bebidas alcoólicas - História 2. Cerveja - História 3. Cervejarias - História I. Título.

24-192988　　　　　　　　　　　　　　CDD–641.23

Índices para catálogo sistemático:

　1. Cervejas: Alimentos e bebidas　　641.23

　　　　Tábata Alves da Silva – Bibliotecária – CRB-8/9253

ISBN: 978-65-5563-419-8

Todos os direitos reservados. Nenhuma parte desta obra poderá ser reproduzida sejam quais forem os meios empregados sem a permissão do autor. Aos infratores aplicam-se as sanções previstas nos artigos 102, 104, 106 e 107 da Lei n. 9.610, de 19 de fevereiro de 1998.

Impresso no Brasil • *Printed in Brazil*

LF Editorial
Fone: (11) 3815-8688 / Loja (IFUSP)
Fone: (11) 3936-3413 / Editora
www.livrariadafisica.com.br | www.lfeditorial.com.br

Conselho Editorial

Amílcar Pinto Martins
Universidade Aberta de Portugal

Arthur Belford Powell
Rutgers University, Newark, USA

Carlos Aldemir Farias da Silva
Universidade Federal do Pará

Emmánuel Lizcano Fernandes
UNED, Madri

Iran Abreu Mendes
Universidade Federal do Pará

José D'Assunção Barros
Universidade Federal Rural do Rio de Janeiro

Luis Radford
Universidade Laurentienne, Canadá

Manoel de Campos Almeida
Pontifícia Universidade Católica do Paraná

Maria Aparecida Viggiani Bicudo
Universidade Estadual Paulista - UNESP/Rio Claro

Maria da Conceição Xavier de Almeida
Universidade Federal do Rio Grande do Norte

Maria do Socorro de Sousa
Universidade Federal do Ceará

Maria Luisa Oliveras
Universidade de Granada, Espanha

Maria Marly de Oliveira
Universidade Federal Rural de Pernambuco

Raquel Gonçalves-Maia
Universidade de Lisboa

Teresa Vergani
Universidade Aberta de Portugal

SUMÁRIO

Apresentação · 9

I. A CERVEJA COMO PATRIMÔNIO CULTURAL

1 Cultura Cervejeira, o que é? · 15

2 A cerveja belga como Patrimônio Cultural · 19

II. ANTIGUIDADE

3 As misteriosas origens da cerveja · 27

III. IDADE MÉDIA

4 O grande mito medieval da água · 35

5 Hildegard von Bingen – a cientista · 41

6 Uma bebida dos deuses: a cerveja na cultura nórdica · 47

7 As mulheres na história da cerveja · 53

IV. IDADE MODERNA

8 A lei alemã de pureza da cerveja: uma história mal contada · 61

9 *Oktoberfest*: História e curiosidades sobre a festa cervejeira mais famosa do mundo · 65

V. CERVEJA E COLONIZAÇÃO

10 Martyn Cornell e a sua caçada aos "mitos" na história da IPA · 71

11 O *Halloween* e as cervejas de abóbora · 77

VI. CERVEJA E REVOLUÇÕES NO SÉCULO XIX

12 A revolução das Pilsners · 85

13 A revolta da lager de Chicago · 89

14	A revolta da cerveja de Munique	93

VII. CONTEMPORANEIDADE

15	A Lei Seca nos Estados Unidos: as consequências do "nobre experimento"	101

Apresentação

Foi durante o curso de *sommelier* de cervejas, feito ao longo do primeiro semestre de 2018, que tive meu primeiro contato com a história da cerveja. Historiador de formação, com quase 20 anos de atuação acadêmica, ainda assim fui surpreendido pelo fato de a História da cerveja fazer parte do currículo de um curso de formação de *sommelier*. A surpresa rapidamente deu lugar à empolgação com uma parte da história que era completamente nova para mim. Ainda que eu já tivesse estudado alguma coisa sobre história da alimentação.

Porém, tão rapidamente quanto, a empolgação deu lugar à decepção. Foi ainda durante o curso de *sommelier* que percebi que, diante de todas as outras áreas que compõem o universo cervejeiro (como a produção, a harmonização, o serviço ou a tão amada análise sensorial), a história da cerveja ocupa, na maior parte do tempo, um discreto papel secundário.

Essa menor atenção concedida ao tema se expressava, por exemplo, na baixa qualidade das informações que eu encontrava em livros e sites a respeito do assunto. Em primeiro lugar, era uma história da cerveja composta, na sua maior parte, pela repetição de afirmações, interpretações e tópicos que vem sendo reproduzidos acriticamente há muito tempo em livros, vídeos e sites. Repetições de afirmações como a de que "se bebia mais cerveja na Idade Média do que se bebe hoje porque a água não era potável" ou de que "a Lei Seca moldou o paladar dos norte-americanos, abrindo caminho para a disseminação da American Lager". Que, pela sua ampla reprodução acabaram se transformando em verdades inquestionáveis. Quando, na verdade, muito pelo contrário, são afirmações que não encontram qualquer suporte documental.

Outra característica que me chamava a atenção nessa escrita da história da cerveja era por exemplo, a sua organização em forma de cronologias simples e incompletas que privilegiam alguns fatos e "esquecem" de outros. Ao mesmo tempo que fazem grandes saltos temporais. As cronologias são ferramentas muito importantes no trabalho do historiador, ajudam a organizar um processo histórico de forma a compreender causas e consequências, por exemplo. Mas de jeito nenhum elas resumem aquilo que é a História. Seu maior problema é nos fazer perder a noção do movimento da história. Nelas, os eventos aparecem como fotos estáticas e isoladas do contexto em que foram tiradas. Quando, na verdade, a História se assemelharia muito mais a um vídeo sempre em movimento

Uma característica ainda pior era a apresentação da história da cerveja como uma coleção de fatos curiosos, engraçados ou exóticos, a serem contados na mesa do bar, depois de uma boa dúzia de cervejas. E é justamente essa apresentação que alimenta muitas daquelas afirmações erradas a que eu me referi antes. Em uma reprodução daquela máxima que diz que "se a lenda é mais interessante do que o fato, publique-se a lenda". E, se contentar com esse tipo de "história" só faz do público cervejeiro um público muito exigente com aquilo que bebe, mas pouquíssimo exigente com o que ouve ou lê sobre a história da sua bebida preferida.

Foi a minha insatisfação com a forma como era escrita a História da cerveja que me levou a produzir conteúdo sobre o tema, unindo a formação de historiador à de *sommelier* de cervejas. Primeiramente por meio do perfil Profano Graal no Instagram, Facebook e Youtube e, depois, colaborando com sites como o Guia da Cerveja e a Farofa Magazine.

A minha produção de conteúdo nas redes sociais teve desde o seu início (e tem ainda hoje) o objetivo de suprir as carências, sobretudo metodológicas, que eu encontro em muitos textos sobre história da cerveja. E que eu atribuo, ao menos em parte, à falta de uma formação profissional em História por parte dos autores que produzem a maior parte desse conteúdo. Dessa forma, procuro revisitar temas e acontecimentos "clássicos" da história da cerveja (a descoberta da cerveja, a produção de cerveja por mosteiros na Idade Média, a Reinheitsgebot, etc.) por meio da pesquisa

Apresentação

histórica, realizada de acordo com os padrões metodológicos estabelecidos pela academia, de modo a corrigir informações e interpretações erradas. Mas também tenho a intenção de trazer novos fatos para essa história. Mostrando que a história da cerveja vai muito além daqueles tópicos amplamente repetidos e é muito maior, e muito mais complexa, do que qualquer apostila de curso pode nos fazer crer.

Entre os anos de 2020 e 2023 escrevi alguns textos sobre história da cerveja para os sites Guia da Cerveja e Farofa Magazine. Os textos que você está prestes a ler são uma coletânea desses textos. Que organizei não na ordem em que foram originalmente publicados, mas em ordem cronológica histórica (por assim dizer), da Antiguidade ao Século XX. A coletânea se inicia com dois textos de caráter um pouco mais "teórico" (por assim dizer) sobre a cerveja como um patrimônio cultural. O processo cronológico da História da cerveja inicia na Antiguidade com um texto inédito sobre a descoberta da fermentação e da cerveja: As misteriosas origens da cerveja. Seguem-se quatro textos sobre a cerveja na Idade Média. A Idade Moderna está representada por dois textos que enfocam o panorama cervejeiro alemão e outros dois que falam sobre a cerveja na colonização do Novo Mundo. O século XIX é abordado por meio de três "revoltas". E, finalmente, nossa viagem termina com aquele que talvez tenha sido o fato mais marcante da história da cerveja no século XX: a Lei Seca, nos Estados Unidos.

Daqueles textos já publicados anteriormente, o corpo dos textos é praticamente o mesmo. E, por isso, você vai encontrar, muitas vezes, alguma referência à data em que foi publicado ou a algum outro texto publicado anteriormente. Na revisão feita para essa edição apenas corrigi algumas informações incorretas e atualizei as referências bibliográficas, onde necessário. No final de cada texto, inclui as informações sobre onde e quando foi originalmente publicado.

Abra uma cerveja e boa leitura!

A CERVEJA COMO PATRIMÔNIO CULTURAL

1

Cultura Cervejeira, o que é?

TODO MUNDO já ouviu o termo "cultura cervejeira". Mas será que todo mundo sabe o que isso significa de fato? Cultura não é um conceito de fácil definição. E pode se referir tanto ao acesso à educação formal e sua transmissão, à produção artística e à língua de um determinado grupo social; quanto ao seu conjunto de crenças, valores, hábitos, ritos, mitos e instituições. Esses são elementos que dão coesão e identidade a esse grupo.

Não há dúvidas de que a cerveja é um importante elemento cultural de diversas sociedades onde a sua produção e consumo estão disseminados há mais ou menos tempo. Os hábitos alimentares de um povo são uma expressão da sua cultura enquanto elemento que contribui para a construção de uma identidade coletiva, atuando como elemento de conexão entre as pessoas, criando comportamentos e hábitos passados de geração a geração. E a cerveja, enquanto parte dos hábitos alimentares de um povo, é também parte da sua cultura. Sim, é importante não esquecer de que cerveja é gastronomia. E o fato disso não parecer evidente à primeira vista (a ponto de termos que reafirmá-lo), é uma característica da nossa cultura cervejeira. Mas, estou me adiantando.

Algumas grandes cervejarias têm implementado *setores de cultura e educação cervejeira*. Na maioria das vezes esse setor não faz mais do que apresentar as cervejas da empresa para o público consumidor ou para os pontos de venda, explicando as características de cada produto e as diferenças entre eles. Ainda assim, de algum modo essas empresas estão educando o seu público e contribuindo para a construção do conhecimento sobre cerveja. Sem dúvida é uma ação necessária e, até mesmo, um avanço em relação a tempos passados não muito distantes. Mas, ao final, as ações promovidas por esses setores estão submetidas ao imperativo das vendas. Estando vinculados ao setor comercial ou de comunicação institucional. Se, no meio do caminho, for possível gerar algum conhecimento, tanto melhor. Mas não é esse o seu objetivo principal.

Mas, uma cultura cervejeira vai além do conhecimento sobre estilos de cerveja ou sobre as suas técnicas produtivas e degustativas. A partir de um ponto de vista antropológico, ela pode ser entendida como a relação estabelecida entre os produtores / consumidores e a bebida em um determinado contexto histórico e geopolítico. Essa relação inclui não só as dimensões da produção (o que e como se produz), comercialização (onde e como se comercializa) e consumo (ocasiões e quantidade de consumo), mas também a atribuição de significados simbólicos para cada uma dessas dimensões. Ela é histórica (quer dizer, construída ao longo do tempo) e geopoliticamente localizada porque ela muda de país para país, assim como em um mesmo país em diferentes momentos. Não há dúvidas de que a cultura cervejeira belga é diferente da cultura cervejeira alemã, por exemplo. Assim como a cultura cervejeira norte-americana de meados do século XIX era diferente da cultura cervejeira norte-americana de meados do século XX, pós-Lei Seca (1920-1933).

Na minha coluna anterior, abordei como a UNESCO incluiu a cultura cervejeira belga na lista de Patrimônios Culturais Imateriais da Humanidade. Ressaltando a presença e a importância da cerveja na vida cotidiana das comunidades belgas, seja como forma de lazer, seja como trabalho e fonte de renda, seja como ingrediente culinário. Presença consolidada ao longo do tempo e que torna inseparáveis a história da cerveja na Bélgica e a própria história cultural daquele país.

Se você já fez algum curso de degustação de cerveja, deve ter ouvido falar em "harmonizações culturais". Uma harmonização que não se baseia necessariamente em princípios como semelhança, contraste ou equilíbrio de forças, mas sim nos usos e costumes de um determinado povo. Harmonizações que, muitas vezes, vão mesmo contra aqueles princípios. Como, por exemplo, a harmonização de cervejas de trigo com salsichão branco, na cultura bávara. Ou de ostras e *dry stout*, na cultura irlandesa.

Mas então, o que caracteriza a cultura cervejeira brasileira? Um país onde a produção e o consumo de cerveja estão disseminados entre a população há muito menos tempo do que na Alemanha ou na Bélgica. A primeira característica, que eu considero a mais significativa, é aquela que se refere as *ocasiões de consumo*. Na relação que consumidores brasileiros estabeleceram com a cerveja, a bebida ficou associada a momentos de lazer, diversão e confraternização. Momentos que escapam à rotina cotidiana. Um trabalhador brasileiro não pensaria em beber um copo de cerveja no seu intervalo de almoço durante a semana. Um trabalhador alemão o faz sem nenhum peso na consciência. Assim como um italiano bebe um cálice de vinho. É justamente essa característica que nos impede de enxergar a cerveja como alimento (como afirmei antes) ou como uma "bebida de mesa". A explicação para isso pode ser encontrada na forma como os cervejeiros encontraram para disseminar o consumo da bebida ainda no século XIX, frente à concorrência de bebidas já enraizadas no cotidiano da população local, como o vinho e a cachaça. Sempre associando-a a outras formas de entretenimento. Seja ao circo, ao teatro ou, mais recentemente (no começo do século XX) ao futebol e ao carnaval.

Essa primeira característica influencia a segunda: a sua *forma de consumo*. Uma vez que o seu consumo se faz, prioritariamente, em momentos de fuga da rotina, a cerveja é bebida sempre em grandes quantidades a cada sessão. Muitas vezes, chegar à embriaguez parece ser não uma consequência, mas um objetivo. Uma ida ao bar não tem hora para terminar. Quem nunca "fechou um engradado" de cerveja no bar com os amigos que atire a primeira pedra. O lema da cerveja artesanal, "beba menos, beba melhor", vem se contrapor justamente à essa característica da nossa relação com a cerveja.

A terceira, e última, característica tem relação com as duas anteriores. Me refiro aos *estilos preferidos* pelos consumidores: cervejas leves, claras, pouco alcoólicas e pouco amargas. As nossas conhecidas *American Lagers*. Cervejas que permitem que se beba em grandes quantidades e que agradam a um maior número de pessoas. Ou, como dizemos, cervejas de alta bebabilidade. Nesse caso há um outro aspecto importante a ser considerado: o aspecto econômico. O público consumidor busca a cerveja mais barata, para que possa consumir mais. E a industria cervejeira investe nas cervejas de produção mais barata. Atendendo ao gosto do público, vendendo mais e, assim, maximizando o seu lucro.

Dessa forma, a nossa cultura cervejeira está longe de ser um dado natural. Em um país onde o desenvolvimento da indústria cervejeira é relativamente recente (se compararmos com a Alemanha ou a Bélgica), essa cultura não encontra suas origens na nossa trajetória histórica ligada ao consumo de bebidas alcoólicas. Ou, melhor, não apenas. Ela foi construída, em grande parte, por interesses dessa mesma indústria. Podemos afirmar, dessa forma, que a industria cervejeira moldou o gosto do público às suas necessidades. Determinando, ainda lá nos seus primórdios, as ocasiões para se beber cerveja. Ou, ao longo do século XX, os estilos mais consumidos. O nosso toque pessoal, nesse amplo sistema que é a nossa cultura cervejeira, fica por conta do volume consumido. Talvez influenciado pelo clima ou por nosso caráter festivo. Esse sim, um traço cultural original. Mas do qual a industria cervejeira prontamente se apropriou e impulsionou.

Publicado originalmente em Farofa Magazine, em 29 de março de 2023.

2

A cerveja belga como Patrimônio Cultural

QUANDO FALAMOS em "patrimônio cultural" a primeira ideia que vem à nossa cabeça é a de monumentos, obras de arte ou prédios antigos que são considerados dignos de preservação pelo seu valor, artístico (estético/estilístico) ou histórico. Mas esses bens, que chamamos de "bens materiais" ou "patrimônio construído" é só uma parte de todo o patrimônio cultural.

Ao seu lado existe também o "patrimônio imaterial ou intangível", que é preservado por outros valores que não têm a ver com o seu aspecto material. Mas sim por seu valor identitário. Ou seja, porque faz parte da identidade de um determinado grupo social. Podem ser, por exemplo, formas de expressão (como danças e rituais), modos de fazer (como o modo de fazer uma panela de barro, por exemplo), línguas (sejam as línguas nacionais ou dialetos regionais) e hábitos alimentares. Em 2003 foi adotada pela UNESCO a *Convenção para a Salvaguarda do Patrimônio Cultural Imaterial*. Esse documento define o patrimônio cultural imaterial da seguinte maneira:

> Práticas, representações, expressões, conhecimentos e técnicas – junto com os instrumentos, objetos, artefatos e lugares culturais que lhes são associados – que as comunidades, os grupos e, em alguns casos, os indivíduos reconhecem como parte integrante de seu Patrimônio Cultural. Este patrimônio cultural imaterial que se transmite

de geração em geração, é constantemente recriado pelas comunidades e grupos em função de seu ambiente, de sua interação com a natureza e de sua história, gerando um sentimento de identidade e continuidade e contribuindo assim para promover o respeito à diversidade cultural e à criatividade humana.

Em 2016, na 11ª reunião do Comitê de Salvaguarda do Patrimônio Cultural Intangível da UNESCO, decidiu-se incluir entre os bens culturais dignos de preservação a *cultura cervejeira belga*. É importante ressaltar que não são os estilos de cerveja belga, ou as cervejas trapistas ou o modo de produção da cerveja belga que foram declarados Patrimônio Cultural. Mas a *cultura cervejeira*. Que é algo maior do que um estilo ou um modo de produção. No site da UNESCO, a *cultura cervejeira belga* é definida da seguinte maneira:

> "Fazer e apreciar a cerveja faz parte da herança viva de uma série de comunidades em toda a Bélgica. Desempenha um papel na vida diária, bem como nas ocasiões festivas. Quase 1.500 tipos de cerveja são produzidos no país por diferentes métodos de fermentação. Desde os anos 80, a cerveja artesanal se tornou especialmente popular. Existem certas regiões, que são conhecidas por suas variedades particulares, enquanto algumas comunidades trapistas também se envolveram na produção de cerveja, dando lucros para instituições de caridade. Além disso, a cerveja é usada para cozinhar, inclusive na criação de produtos como o queijo lavado na cerveja e, como no caso do vinho, pode ser combinada com alimentos para complementar os sabores. Existem várias organizações de cervejeiros que trabalham com as comunidades em um nível amplo para defender o consumo responsável de cerveja. A prática sustentável também faz parte da cultura com o incentivo a embalagens recicláveis e novas tecnologias para reduzir o uso de água nos processos produtivos. Além de serem transmitidos no ambiente doméstico e social, conhecimentos e habilidades também são transmitidos por mestres cervejeiros que ministram aulas em cervejarias, cursos universitários especializados voltados

para os envolvidos na área e na hotelaria em geral, programas públicos de treinamento para empresários e pequenas cervejarias-teste para cervejeiros amadores."

Essa definição ressalta a presença e a importância da cerveja na vida cotidiana das comunidades belgas, seja como forma de lazer, seja como trabalho e fonte de renda, seja como ingrediente culinário. E a transmissão desses saberes através de gerações. Fazendo com que essa presença se sedimentasse ao longo de séculos, tornando inseparáveis hoje a história da cerveja na Bélgica e a própria história cultural daquele país. Mas a definição faz menção também ao incentivo ao consumo responsável de cerveja e às práticas sustentáveis na sua produção. Indispensáveis para que os hábitos e as práticas ligadas à cerveja não se tornem nocivos para a própria sociedade belga e para a Humanidade como um todo. A decisão do Comitê apresenta 5 razões para a inclusão da Cultura Cervejeira Belga na Lista Representativa do Patrimônio Cultural Imaterial da Humanidade:

1. O fato dela servir como um marcador de identidade para suas comunidades de cervejeiros, provadores, mediadores e zitólogos. O conhecimento e as habilidades são transmitidos de mestres para aprendizes em cervejarias, dentro das famílias, em espaços públicos e por meio da educação formal. O que contribui para a constituição da identidade social e para a continuidade dos seus portadores e praticantes.
2. A sua inscrição na Lista contribui para a visibilidade e diversidade do patrimônio cultural imaterial, destacando a especificidade de um elemento que combina artesanato e alimentação, que tem evoluído continuamente para atender aos requisitos de desenvolvimento sustentável. Também serviria como exemplo inspirador de uma prática que foi revivida e cujos valores foram redescobertos e desenvolvidos após terem sido marginalizados. Esse ponto chama a atenção para o fato de que o mercado belga de cerveja, assim como outros mercados ao redor do Mundo, passou

por um processo de uniformização e abandono de antigas práticas e tradições ao longo do século XX.
3. Chama a atenção para os esforços realizados pela Bélgica para reviver e salvaguardar a cultura cervejeira desde os anos 1970. E para o fato de que as medidas de salvaguarda propostas (como, por exemplo, o desenvolvimento de qualificações profissionais, a promoção do elemento e o estabelecimento de um observatório da diversidade das artes cervejeiras e sua apreciação) levarem em consideração o aumento do consumo de álcool.
4. O envolvimento das comunidades de "detentores do bem cultural": A Federação dos Cervejeiros Belgas iniciou o processo de nomeação envolvendo cervejeiros, mediadores, professores e o público em geral, que participaram ativamente de uma série de reuniões preparatórias e consultivas e forneceram seu consentimento livre, prévio e informado para a inscrição.
5. O fato de a cultura cervejeira belga já fazer parte dos inventários do Patrimônio Imaterial das três grandes comunidades belgas: a comunidade flamenga, a comunidade francesa e a comunidade alemã.

Dessa forma, quando abrimos uma garrafa de cerveja (e não apenas de cerveja belga), aquilo que estamos bebendo não é só um líquido que nos ajuda a relaxar e matar a sede. Mas cerveja é também cultura, como explica Eduardo Marcusso. Por meio das suas práticas de fabricação, degustação e toda a estruturação da atividade cervejeira, ela age como um elemento de conexão entre as pessoas, moldando hábitos e comportamentos que são passados de geração a geração, construindo heranças e identidades a partir de expressões culturais vinculadas à cerveja. Como patrimônio cultural que é, em um copo de cerveja pode estar contida a cultura e história de um povo.

Referências

BRASIL. *DECRETO n° 3551*, de 4 de agosto de 2000 – Institui o registro de bens culturais de natureza imaterial que constituem o patrimônio cultural brasileiro, cria o Programa Nacional do Patrimônio Imaterial e dá outras providências. Disponível em: Página - IPHAN - Instituto do Patrimônio Histórico e Artístico Nacional

MARCUSSO, Eduardo Fernandes. *Da cerveja como cultural aos territórios da cerveja*: uma análise multidimensional. Tese de doutorado. Programa de Pós-graduação em Geografia da UnB. 2021.

UNESCO. *Convention for the safeguarding of the intangible cultural heritage*. Paris, 17 October 2003. Disponível em: Convenção para a Salvaguarda do Patrimônio Cultural Imaterial - UNESCO Digital Library.

UNESCO. *Dossier Culture de la bière en Belgique*. Disponível em: Beer culture in Belgium - intangible heritage - Culture Sector - UNESCO.

Publicado originalmente em Farofa Magazine,
em 30 de janeiro de 2023.

ANTIGUIDADE

3

As misteriosas origens da cerveja

Nós sabemos que a cerveja é uma das bebidas mais antigas do mundo. E, segundo a versão mais aceita da História, ela não foi inventada e sim descoberta, entre 14.400 e 10.000 atrás. Ainda antes do Homem decidir se sedentarizar e construir cidades e civilizações.

Na verdade, o que foi descoberto ali naquele momento não foi exatamente a cerveja, mas a fermentação dos cereais. Um estudo de um grupo de cinco pesquisadores de diferentes universidades encontrou vestígios de cereais fermentados em um sítio arqueológico no nordeste da Jordânia (entre Israel e Iraque). Segundo eles, as razões para a produção desse pão pré-histórico podem estar relacionadas não apenas a aspectos nutricionais, mas também simbólicos:

> No entanto, também é possível que o pão tenha sido produzido como um alimento "especial". Pão envolve altos custos de produção, incluindo descascar completamente e moer os cereais, bem como amassar e assar. Sugere-se que a produção inicial de alimentos à base de cereais, como pão (e possivelmente também cerveja), poderia ter sido relacionado a um comportamento de banquete, onde alimentos de luxo de valor agregado eram empregados para impressionar os convidados e garantir prestígio para o anfitrião. (ARRANZ-OTAEGUI, Amaia et. al., 2018, p. 7928)

Outro estudo, realizado por um grupo de seis pesquisadores, colabora com essa hipótese. Eles analisaram os vestígios de três pilões de pedra e um local de enterramento, localizados na caverna de Raqefet, no atual Israel. Os pilões apresentavam vestígios do armazenamento de alimentos vegetais, incluindo maltes de trigo e cevada. Esses recipientes parecem ter sido usados para triturar alimentos vegetais e preparar cerveja à base de trigo ou cevada, provavelmente usando legumes e outras plantas como ingredientes aditivos. O estudo afirma também que é possível perceber que a fabricação de cerveja já envolvia três etapas básicas: maltagem, maceração e fermentação.

Esses dois sítios arqueológicos pertenciam à cultura natufiana, que se desenvolveu na região do Oriente Médio entre cerca de 13.050 a.C. e 9.500 a.C., fazendo a transição entre o modo de vida nômade e a vida sedentária. Os natufianos coletavam plantas disponíveis localmente, armazenavam sementes de malte e faziam cerveja como parte de seus rituais funerários:

> O tempo e o esforço investidos no fabrico de almofarizes de pedra profunda em contextos mortuários e na aquisição de conhecimentos aparentemente necessários à produção de cerveja indicam uma importante função ritual desempenhada pelas bebidas alcoólicas na cultura natufiana. (LIU, Li et al., 2018, p. 792)

Esses dois estudos tocam em dois temas muito importantes sobre os primórdios da produção de cerveja. Em primeiro lugar, a polêmica, sempre muito reproduzida no meio cervejeiro, sobre o que teria sido criado primeiro: o pão ou a cerveja. Tom Standage comenta essa polêmica no capítulo sobre cerveja do seu livro *A História do Mundo em 6 copos*. Segundo ele, alguns arqueólogos argumentam que o pão teria sido um desdobramento da produção de cerveja, enquanto outros defendem que o pão veio primeiro e, apenas subsequentemente, teria sido usado como um ingrediente na cerveja. O próprio autor aponta uma terceira hipótese: pão e cerveja seriam derivados do mesmo mingau (grãos embebidos em água), que poderia ser cozido ao sol para fazer pão ou deixado fermentar para virar cerveja. Assim, pão e cerveja seriam os dois lados de uma mesma moeda (STANDAGE, 2005, p. 16). O que faz todo sentido histórico se pensarmos que os homens no período anterior à agricultura não tinham a sua disposição uma abundância de alimentos. E teriam que aproveitar da melhor forma possível aquilo que eles conseguiam coletar e caçar.

Em segundo lugar, o caráter divino da cerveja e sua relação com as realidades transcendentes. Mais importante do que saber como ou quando o homem começou a produzir cerveja é saber porque ele decidiu continuar a produzi-la. E boa parte da resposta para essa questão pode estar no seu caráter religioso. Pela capacidade da cerveja (e também de outras bebidas fermentadas, como o hidromel, no caso dos povos nórdicos) de embriagar e induzir a um estado alterado de consciência, ela era interpretada pelos homens da Antiguidade como um veículo de comunicação com os deuses. Como afirmam os pesquisadores, a sua produção e consumo não era um hábito cotidiano, mas "alimentos especiais", produzidos para rituais religiosos e fúnebres. Esse aspecto fica mais claro nas civilizações posteriores (Sumérios e Egípcios), com suas inumeráveis divindades da cerveja. Sem deixar de perder também a sua função social. Como está dito no final da primeira citação: alimentos de alto valor agregado empregados para impressionar os convidados e garantir prestígio para o anfitrião.

Para terminar, um terceiro tema importante sobre os primórdios da cerveja é a polêmica em torno do seu papel no processo de sedentarização do homem, ocorrido por volta de 10.000 a.C. O debate a respeito das razões que explicam a adoção da agricultura inclui dezenas de teorias distintas. Entre as quais a de que a principal razão para a adoção da agricultura teria sido a de garantir um estoque suficiente de cereais para a continuidade da produção de cerveja. Que se oferecia como uma fonte alternativa e segura de nutrição líquida, que compensava um declínio na qualidade da alimentação resultante da própria adoção da agricultura e do abandono da caça-coleta. Segundo essa hipótese, a cerveja teria "criado a Civilização".

O argumento pode parecer um tanto quanto "circular". A adoção da agricultura visava produzir cerveja para suprimir as deficiências alimentares causadas pela própria adoção da agricultura. Mas, a respeito dos motivos que levaram à adoção da agricultura, Yuval Noah Harari no seu *best seller Sapiens: uma breve história da humanidade*, argumenta na mesma direção, denominando a assim chamada Revolução Agrícola como a "maior fraude da história":

> Em vez de prenunciar uma nova era de vida tranquila, a Revolução Agrícola proporcionou aos agricultores uma vida em geral mais difícil e menos gratificante que a dos caçadores-coletores. Estes passavam o tempo com atividades mais variadas e estimulantes e estavam menos expostos à ameaça de fome e doença. A Revolução Agrícola certamente aumentou o total de alimentos à disposição da humanidade, mas os alimentos extras não se traduziram em uma dieta melhor ou em mais lazer. Em vez disso, se traduziram em explosões populacionais e elites favorecidas. Em média, um agricultor trabalhava mais que um caçador-coletor e obtinha em troca uma dieta pior. A Revolução Agrícola foi a maior fraude da história. (HARARI, 2014, p. 95)

A hipótese contrária é igualmente válida. A de que a produção e consumo de cerveja só se teriam disseminado e adquirido o papel fundamental que apresenta em sociedades como os sumérios e os egípcios após a sedenterização. Justamente porque a partir daquele momento haveria uma maior disponibilidade de cereais. Antes disso, como vimos, a cerveja teria permanecido um alimento de "luxo". Pelo seu alto custo de produção.

O que realmente aconteceu nesse "dilema tostines" provavelmente nós nunca saberemos. O certo é que a cerveja acompanha o homem desde quase o início da sua história na Terra. Ela pode não ser a protagonista da História, como sugere um "documentário" norte-americano muito famoso no meio cervejeiro. Mas certamente é uma coadjuvante de luxo. Desempenhando papéis muito importantes para o desenrolar da trama principal.

Referências

ARRANZ-OTAEGUI, Amaia et. al. Archeobotanical evidence reveals the origins of bread 14,400 years ago in northeastern Jordan. *Proceedings of the National Academy of Sciences.* v. 115, n. 31, p. 7925-7930, 2018.

HARARI, Yuval. Sapiens: *Uma breve história da Humanidade.* São Paulo: Companhia das Letras, 2020.

LIU, Li; WANG, Jiajing, ROSENBERG, Danny; ZHAO, Hao; LENGYEL, György; NADEL, Dani. Fermented beverage and food storage in 13.000 y-old stone mortars at Raqefet Cave, Isral: investigating Natufian ritual feasting. *Journal of Archaeological Science: Reports.* n. 21, p. 783-793, 2018.

STANDAGE, Tom. *A história do mundo em 6 copos.* Rio de Janeiro: Zahar, 2005.

IDADE MÉDIA

4

O grande mito medieval da água

PARECE consenso que a cerveja representou uma parte essencial da dieta medieval do homem europeu. A quantidade exata de cerveja ingerida *per capita* diariamente não é conhecida. Mas, a partir de registros da Catedral de São Paulo (de Londres) do final do século XIII, supõe-se que o consumo poderia chegar a um galão (aproximadamente 4,5 litros) diário por pessoa. Por isso, uma afirmação amplamente repetida é a de que o grande consumo de cerveja se devia ao fato de que a água não era segura para a saúde. A cerveja seria mais acessível e saudável, uma vez que o seu método de preparação (por meio da fervura) eliminaria as impurezas da água.

A tese de uma carência de água potável na Europa medieval parece estar apoiada na ideia de que as cidades europeias teriam passado por um retrocesso no aspecto sanitário no início da Idade Média, com relação ao período de dominação romana. Os romanos faziam captação de água a longa distância, abastecendo as cidades por meio de aquedutos e tubulações subterrâneas. São famosos os banhos públicos romanos (termas) e seu sistema de esgoto. Mas, ao longo da Alta Idade Média, muitas dessas estruturas se transformaram em ruinas à medida em que a gestão do saneamento passou das mãos dos governos centrais para as administrações comunais (municipais). A captação de água passaria a ser feita, em grande parte, por meio de poços (na sua maioria particulares). Muitos dos quais eram escavados próximos a fossas e à área de criação de animais, o que favorecia a proliferação o que favorecia a proliferação de doenças como cólera, lepra e tifo.

Em um artigo intitulado *Was water really regarded as dangerous to drink in the Middle Ages?*, publicado no seu site *Zythophile* em 2014, o jornalista britânico Martyn Cornell aborda o que há de verdade nessas afirmações, expondo as pesquisas do blogueiro norte-americano de História da Alimentação e Jim Chevalier. Segundo Chevalier, o consumo de água certamente era mais difundido do que muitos comentaristas modernos parecem acreditar, principalmente pelos menos abastados:

> "Não há nenhuma razão específica para acreditar que as pessoas da época bebiam proporcionalmente menos água do que hoje; em vez disso, como a água normalmente não era vendida, transportada, tributada etc., simplesmente não haveria razão para registrar seu uso. As pessoas da época preferiam bebidas alcoólicas? Provavelmente, e pela mesma razão que a maioria das pessoas hoje bebe outros líquidos além da água: variedade e sabor" (CORNELL, 2014).

Ou seja, segundo Chevalier, durante a idade Média, assim como durante toda a existência da humanidade, a água foi a bebida mais consumida. Simplesmente porque era gratuita. O que nos faltariam seriam fontes que atestassem esse consumo. Simplesmente porque, como diz o autor, beber água não é motivo para registro. Complementa o autor que, ainda que a contaminação da água fosse certamente uma preocupação, as pessoas tinham bom senso e discernimento suficiente para saber detectar e evitar águas lamacentas, pantanosas ou turvas, que poderiam estar contaminadas. Aqui é importante estar atento para não cometer um dos pecados capitais de quem escreve história: o anacronismo. Provavelmente, uma água considerada própria para o consumo pelos homens da Europa medieval estaria muito longe daquilo que hoje consideramos "água potável". Simplesmente porque os padrões de higiene atuais são mais rigorosos. Lembrem-se que, apenas para dar um exemplo, os homens medievais não conheciam o conceito de microorganismos.

O abastecimento de água própria para o consumo também parece ter sido uma preocupação constante das administrações municipais. Segundo a professora da Universidade do Minho Maria do Carmo Ribeiro, que estudou os espaços e arquiteturas de abastecimento nas cidades medievais portuguesas, é constante nos núcleos urbanos a presença de cisternas, tanques, fontes e chafarizes, para captação e distribuição de água. Era feita também a captação no exterior dos núcleos urbanos, conduzindo-a até a cidade por meio de encanamentos ou aquedutos. Ressalta a autora que para além do uso doméstico (lavar roupa, dar de beber aos animais) a água era igualmente fundamental para algumas atividades econômicas de produção e transformação necessárias ao abastecimento da cidade tais como o abastecimento de carnes e peixes, peles e couros. Dessa forma, a água deveria estar disponível para consumo de muitas formas. Mas, a sua maior presença nos núcleos urbanos medievais, ocorria por meio dos rios que, invariavelmente, cortavam as cidades. Sua presença era fundamental para o próprio desenvolvimento do núcleo urbano, constituindo-se em um "forte atrativo para a realização de atividades comerciais, produtivas e portuárias relacionadas com a prática da navegação fluvial e marítima". (RIBEIRO, 2020, p. 391)

Jim Chevalier questiona também a ideia de que o consumo de cerveja pudesse chegar a um galão diário por pessoa, como afirma o documento do século XIII da Catedral de São Paulo. Com a exceção, talvez, de monges, cônegos e trabalhadores em instituições religiosas. Segundo ele, o país (ele provavelmente está se referindo à Inglaterra) simplesmente não podia cultivar grãos suficientes para manter esse consumo e ainda atender à demanda por pão. Fora de grandes instituições como mosteiros, cidades ou grandes vilas, durante a Alta Idade Média a produção de cerveja provavelmente dependia geralmente de chefes de família "com um ocasional excedente de capital para comprar alguns grãos maltados, preparar um lote de cerveja e espetar a tradicional vassoura do lado de fora da porta da frente para que seus vizinhos viessem beber um pint" (CORNELL, 2014). Dessa forma, esse fato parece indicar para o autor que o álcool era mais um luxo do que uma ocorrência diária regular. Assim, segundo Chevalier, a afirmação de que na Idade Média as pessoas bebiam cerveja em vez de água porque a água não era segura está totalmente errada. Seria o que denomina de "o mito medieval da aguá".

Mais do que isso, eu complementaria que a ideia da insalubridade dos núcleos urbanos, seu ar, sua água e seu terreno, parece ser mais adequada às aglomerações urbanas surgidas pós-revolução industrial (século XIX). Imagem de sujeira e miséria que nós transportamos para a Idade Média porque nos acostumamos a pensar sobre esse último período como a "Idade das Trevas". Estigmatização que os medievalistas se esforçam em combater há décadas. E apenas com relativo sucesso.

Referências

CORNELL, Martyn. Was water really regarded as dangerous to drink in the Middle Ages?. *Zythophile*. Disponível em: https://bit.ly/493VDex.

CORNELL, Martyn. So how much ale did a medieval peasant actually drink? Much, much less than you think. *Zythophile*. 12 de julho de 2022. Disponível em: https://bit.ly/3OzNJBF.

KUCHER, Michael. The use of water and its regulation in Medieval Siena. *Journal of Urban History*. v. 31, n. 4, p. 504-536, 2005.

RIBEIRO, Maria do Carmo. Espaços e arquiteturas de abastecimento na cidade medieval. In: ANDRADE, Amélia Aguiar; SILVA, Gonçalo Melo da (editores). *Abastecer a cidade na Europa Medieval*. Lisboa: Tipografia Priscos, p. 383-402, 2020.

RÜCKERT, Fabiano Quadros. O abastecimento de água na perspectiva da historiografia europeia e hispano-americana. *História: debates e tendências*. v. 17, p. 157-179, 2017.

Publicado originalmente em Guia da Cerveja, em 16 de janeiro de 2022.

5

Hildegard von Bingen – a cientista

NO DIA 17 de setembro se comemora o dia de uma famosa "santa cervejeira": a freira beneditina Hildegard von Bingen (1098-17/09/1179). Muito conhecida no meio cervejeiro por ser a autora da mais antiga menção às propriedades conservantes e aromatizantes do lúpulo. Mestra do mosteiro de Rupertsberg na cidade de Bingen am Rhein, além de mística, teóloga e pregadora, Hildegard foi também poetisa e compositora, naturalista, dramaturga e médica. E Nesse texto eu quero chamar a atenção não para a sua atuação como religiosa, mas como cientista.

Segundo seus biógrafos, o fato de ela ter visões desde os 3 anos de idade, aliado à sua saúde precária, teriam sido os motivos principais que a destinaram à vida religiosa. Teria começado a escrever após ter uma visão na qual uma voz lhe falava: *"Oh mulher frágil, cinza de cinza e corrupção de corrupção, proclama e escreve o que vês e ouves"*. Mas, primeiro teve que superar o sentimento de que era incapaz e indigna de fazê-lo, fruto dos preconceitos que existiam em seu tempo a respeito da moralidade e das capacidades físicas e intelectuais das mulheres. Apenas após a aprovação do papa Eugênio III (1145-1153), que encarregou uma comissão de teólogos de examinar os relatos das suas visões, é que Hildegard passou a se sentir confiante para escrever. Seu primeiro livro, intitulado *Livro do Conhecimento dos Caminhos do Senhor (Liber scivias Domini – c. 1151)* é de fato uma coleção de relatos sobre suas visões.

Mas, dessa mesma época são suas primeiras composições musicais e poéticas conhecidas, assim como suas primeiras observações científicas da natureza e textos médicos. Entre 1151 e 1158, ela escreveu o seu tratado de medicina naturalista intitulado *Livro das sutilezas das várias naturezas da criação* ou *Livro das propriedades das várias criaturas da natureza*, dependendo da tradução *(Liber subtilitatum diversarum naturarum creaturarum)*. Considerado o primeiro livro de ciências naturais escrito no Sacro Império Romano-Germânico. Que, após a sua morte foi dividido em duas partes: *Física* ou *Livro de medicina simples*, dividido em nove livros; e *Causas e Curas* ou *Livro da medicina composta*, dividido em cinco livros.

A Física está dividida da seguinte maneira: *Das Plantas (De Plantis), Dos Elementos (De elementis), Das Árvores (De Arboribus), Das Pedras (De Lapidibus), Dos Peixes (De Piscibus), Das Aves (De Avibus), Dos Animais (De Animalibus), Dos Répteis (De Reptilibus)* e *Dos Metais (De Metallibus)*. São descritas quase 300 plantas, 61 tipos de aves e animais voadores e 41 tipos de mamíferos. As descrições das plantas reduzem-se à classificação do seu "temperamento", seguindo os princípios da medicina clássica: quentes, frias, secas ou úmidas. Mas o centro do trabalho é a apresentação dos seus usos médicos. É no livro primeiro, capítulo 61, onde ela faz a sua famosa menção o uso do lúpulo como um eficiente conservante natural para bebidas:

> O lúpulo é quente e seco, tem umidade moderada e não é muito útil para beneficiar o homem, porque faz crescer a melancolia no homem, entristece a sua alma e oprime seus órgãos internos. Mas também, como resultado do seu amargor, ele mantém algumas putrefações fora das bebidas, às quais pode ser adicionado para que durem muito mais tempo (CORNELL, 2009).

Atribui-se a esse livro o estatuto de ter sido a base para o estudo da Botânica durante toda a Baixa Idade Média até o século XVI:

Em *Physica*, Hildegarda descreve as substâncias médicas naturais disponíveis naquele tempo. Além da descrição dos elementos da natureza e de sua aplicabilidade para a prevenção e cura de doenças tanto físicas quanto mentais e espirituais, a obra parece ser um manual geral sobre a utilidade e o valor das substâncias mais comuns e abundantes na Criação, que são plantas, animais e minerais (MARTINS, 2019, p. 163-164).

Em *Causas e Curas*, como sugere o próprio título, ela descreve as doenças e os remédios para curá-las. Hildegard considerava o ser humano como um sistema complexo e interligado entre corpo, mente e espírito. Dessa forma, sua medicina envolvia uma prática ao mesmo tempo mágica, religiosa e científica:

> Aqui, mantendo-se em seu holismo, em que faz uma íntima relação entre corpo e alma, o homem e a natureza, o natural e o sobrenatural, Hildegarda defende que boa parte das doenças dos homens é consequência do pecado original, da perda da harmonia e da integração entre Criador e criatura, recusando-se a ver a doença como um assunto exclusivamente de ordem física, fazendo constantes conexões entre os males que afligem a alma e aqueles de padecia o corpo (COSTA, 2012, p. 193).

Muito menos conhecida do que o seu trabalho de botânica é a sua abordagem da sexualidade humana, feita tanto sob uma óptica teológica quanto fisiológica. Do ponto de vista teológico, comparava o desejo humano à fertilidade da terra, reconhecia que ele dava à luz uma infinidade de riquezas. Herdando parte da tendência condenatória do desejo e do prazer sensual de seu tempo, via o corpo como um instrumento da alma que devia ser disciplinado para que se formasse uma cooperação entre ambos, potencialmente confortável e prazerosa, e para que o objetivo primeiro da salvação da alma pudesse ser alcançado. Na sua abordagem fisiológica da sexualidade humana, fez uma análise detalhada do desejo e do prazer. Via o ato sexual entre homem e mulher dentro do matrimônio positivamente, comparando-o à música, e o corpo humano a um instrumento musical. Foi a primeira autora a escrever sobre sexualidade e ginecologia de um ponto de vista feminino. No *Livro das Obras Divinas*, aborda as semelhanças e diferenças entre homens e mulheres. Os dois gêneros seriam complementares. Mas a mulher seria mais perfeita ou ontologicamente superior ao homem. Traçou um painel histórico dos papéis sociais tradicionalmente atribuídos às mulheres: a maternidade ou a vida religiosa. Não via nenhum deles como de todo satisfatórios, mas se manteve numa posição ambivalente a esse respeito, com certeza pressionada pelo seu contexto.

Procurei mostrar aqui que a sua atuação vai muito além da descrição das propriedades do lúpulo, pela qual é mais conhecida. E tive que deixar de fora desse texto muitos outros aspectos da sua atuação como, por exemplo, sua atuação política. Uma vez que nas suas pregações denunciava os vícios do clero e combatia as heresias. Exercendo, também nessa área, uma atuação pública incomum para as mulheres de sua época. Ainda mais no meio religioso.

Ela seria canonizada em 1584 pelo Papa Gregório XIII. E, em 2012, o Papa Bento XVI concedeu a ela o título de Doutora da Igreja. Uma prova de que ciência e religiosidade não precisam se opor uma à outra.

Referências

CORNELL, Martyn. A short history of hops. *Zytophile*. 2009. Disponível em: https://bit.ly/49rQQDz. Acesso em 25/05/2021.

COSTA, Marcos Nunes. Mulheres Intelectuais na Idade Média: Hildegarda de Bingen – entre a medicina, a filosofia e a mística. *Trans / Form / Ação*. Marília, v. 35, 2012.

HILDEGARDA de Bingen. *Wikipedia*. Disponível em: Hildegarda de Bingen – Wikipédia, a enciclopédia livre (wikipedia.org). Acesso em: 02/09/2021.

MARTINS, Maria Cristina. Hildegarda de Bingen: Physica e Causae et Curae. *Cadernos de Tradução*. Número Especial, p. 159-174, 2019.

SILVA, Andréia Cristina Lopes Frazão da. Reflexões históricas sobre o saber médico e a prática da assistência. *Anais da 4ª Jornada Científica CMS Waldir Franco*, 2002.

Publicado originalmente em Guia da Cerveja, em 17 de setembro de 2021.

6

Uma bebida dos deuses: a cerveja na cultura nórdica

Você já deve ter escutado, ou até mesmo dito, em uma mesa de bar, que "a cerveja é sagrada", é um "néctar dos deuses", ou coisas desse tipo. Pois saiba que para muitos povos ela era literalmente isso, uma bebida sagrada. Desde a Antiguidade, as bebidas alcoólicas se revestem de um caráter sagrado para as sociedades humanas. Para os Sumérios, na Mesopotâmia, os primeiros fermentados de cereais foram ofertados pela deusa Ninkasi. Consumir cerveja simbolizava beber o corpo de Ninkasi e celebrar a vida que ela oferecia como dádiva.

Mas, nesse texto quero apresentar um breve compilado sobre a sacralidade da cerveja para os povos nórdicos, entre os séculos V e XII. Comumente conhecidos como Vikings. É importante ressaltar que esse termo era usado originalmente para se referir aos homens que saíam em expedições guerreiras, de comércio e pirataria. Os escandinavos não chamavam a si mesmos de vikings, pois seria um termo pejorativo. Assim como nem todo nórdico pode ser considerado um viking, pois muitos não saíram da Escandinávia para participar dessas expedições.

Para os nórdicos medievais não existia uma separação entre laico e sagrado. Todos os atos, assim como o de beber, eram atos mágicos, feitos em comunhão com os deuses. Beber representava uma ligação direta com as suas divindades e suas crenças. A cerveja era utilizada em rituais e como um meio de acesso aos deuses.

O caráter sagrado da bebida estava presente desde a escolha dos ingredientes até o próprio ato de beber. O grão básico cultivado durante o período medieval na Escandinávia era a cevada e além de cerveja outras bebidas fermentadas eram consumidas, como vinhos, hidromel e cidras. Embora as palavras modernas 'cerveja' e 'ale' sejam hoje quase intercambiáveis, há boas evidências de que as duas bebidas eram muito diferentes no Norte da Europa naquele período. As ale (*ealu* ou *öl*, em nórdico antigo) seriam produzidas a partir de grãos maltados. Já as *björr* seriam bebidas alcoólicas doces, podendo se referir inclusive às cidras.

A cerveja consumida tanto pelos vikings como pelos anglo-saxões era um fermentado rápido de cereais, levedura e ervas aromáticas. As ervas escolhidas eram usadas para garantir a longevidade, textura, cor, aroma e sabor do produto, bem como eram ervas medicinais e de uso mágico, que eram consagradas aos deuses que protegiam a bebida e quem a ingerisse. A erva mais utilizada era a erva-de-São João ou hera-terrestre (*Glechoma hederacea*) de sabor amargo e rica em ácidos fenólicos, taninos antioxidantes e conservantes naturais. Algumas dessas ervas, como a artemísia (*Artemísia abisinthium*), a crista-de-galo (*Heliotropicum indicum*) e a urtiga (Urtiga dioica) têm potencial alucinógeno. Alguns poemas constantes nas *Eddas* (coletâneas de textos nórdicos, do século XIII) citam que a intoxicação provocada pelo álcool e ervas proporciona a ligação com os deuses. Sintomas como a perda momentânea dos sentidos, a ausência de racionalidade, a alteração de consciência, os rompantes de felicidade, conectam os homens aos deuses.

A elaboração das bebidas era uma tarefa feminina e as mulheres se responsabilizavam por todo o processo e deviam cuidar para que as despensas estivessem sempre bem abastecidas de ingredientes tanto para a elaboração da bebida de todos os dias como também para as festas. Registros históricos mostram que o consumo de cerveja era particularmente importante em vários festivais religiosos sazonais. Uma lei imposta pelo *Gulating* (uma das mais antigas e maiores assembleias parlamentares da Noruega, que ocorreu anualmente entre 900 e 1300 d.C.) exigia que os agricultores em grupos de pelo menos três pessoas preparassem cerveja para ser consumida nas festas: *Samhain* (1 de novembro), *Yule* (25 de dezembro, solstício de inverno), e *Midsommar* (24 de junho, solstício de verão).

Uma das figuras mais importantes da mitologia nórdica foi Aegir, um gigante Comandante do Mar e respeitado cervejeiro para os deuses de Asgard. No seu salão subaquático, chifres de beber magicamente se enchiam com a melhor cerveja e hidromel. Odin dizia que a cerveja de Aegir era a melhor de todos os Nove Mundos. O Mestre do Mar fazia a cerveja junto com suas nove filhas no maior caldeirão já feito. Conta a mitologia que Aegir ganhou esse enorme tanque de cerveja quando os deuses uma vez se sentaram para uma refeição festiva e a mesa ficou mais ou menos vazia. Quando eles perguntaram a Aegir onde seria o banquete, ele disse que não poderia servir comida sem cerveja e que não tinha nada para preparar. Então Thor saiu em missão para roubar o enorme caldeirão do Gigante Hymir e deu a Aegir como um presente. Desde aquele momento, nunca faltou cerveja no famoso salão submarino.

O ato de beber era tão sagrado para os nórdicos que era bem comum encontrar runas entalhadas nos chifres de beber. Recentemente, um copo cerâmico foi encontrado na Dinamarca com as runas Ansuz – Laguz – Uruz (ALU) entalhadas no fundo. Alguns pesquisadores acreditam que se trata da palavra cerveja para os povos da Idade do Ferro (entre 200 a 500 a.C.), mas também pode significar poder, proteção, força. E, uma vez que eram entalhadas em recipientes usados para beber cerveja, poderiam representar que aqueles homens esperavam encontrar poder, força e proteção em um copo de cerveja. O poema *Sigrdrífumál* (estrofes 7 e 19) também indica o uso de runas entalhadas nos cifres de beber. No poema a valquíria Sigfrida ensina ao rei como entalhar uma runa no chifre de beber e no dorso da mão para sua proteção "No chifre tu entalharás, e nas costas da mão, e marcarás com o prego Naud".

Dessa forma, diferentemente da importância que atribuímos às bebidas nos dias atuais, como entretenimento e produto comercial, para os nórdicos e outros povos na Antiguidade e no Medievo, as bebidas tinham uma conexão profunda com o sagrado. Para eles, tanto o ato de fabricar, quanto o ato de beber e se embebedar eram um ato mágico, uma forma de se conectar com o divino. Então, nas festividades que se aproximam, da próxima vez que você levar um copo a boca, ou fizer uma brassagem, lembre-se de que alguém lá em cima (ou lá embaixo) pode estar olhando por você.

Referências

BUMBAR, M. Aegir, the Norse Ruler of the Sea who brew the best beer in all the Nine Worlds. *Lord of the Drinks*, 2016. Disponível em: https://bit.ly/3w7dDX5.

CAMPOS, L. A sacralidade que vem das taças: o uso de bebidas no Mito e na Literatura Nórdica Medieval. *Revista Brasileira de História das Religiões*. v. 8, n. 23, p. 97-107, 2015. Disponível em: https://bit.ly/3SRjKaX.

CAMPOS, L. Cinco erros sobre bebidas e alimentos da Era Viking. *Blog do NEVE – Núcleo de Estudos Vikings e Escandinavos*. 24 de janeiro de 2020. Disponível em: https://bit.ly/3SPYJNG.

GAIMAN, N. *Mitologia Nórdica*. Rio de Janeiro: Intrínseca, 2017.

KARLSSON, T. *Uthark: o lado noturno das runas*. São Paulo: Penumbra, 2018.

LANGER, J. Nova inscrição rúnica é descoberta na Dinamarca. *Blog do NEVE – Núcleo de Estudos Vikings e Escandinavos*. 28 de março de 2019. Disponível em: https://bit.ly/487DBqK.

LANGER, J.; CAMPOS, L. Brindando aos Deuses: Representações de Bebidas na Era Viking, no Cinema e nos Quadrinhos. *Revista De*

História Comparada. Rio de Janeiro, v. 6, n. 1, p. 141-164, 2012. Disponível em: https://bit.ly/48hbS76.

McCOY, D. Viking Food and Drink. *Norse Mythology for Smart People*. 2019. Disponível em: https://bit.ly/3HPe2jt.

Publicado originalmente em Guia da Cerveja, em 12 de dezembro de 2021.

7

As mulheres na história da cerveja

UM CAPÍTULO da história da cerveja que nós raramente encontramos em algum livro ou apostila é aquele sobre o importante papel desempenhado pelas mulheres na produção, comércio e consumo de cerveja ao longo da história. Então, que tal aproveitarmos esse mês de março, em que se comemora o Dia Internacional da Mulher (08/03), para conversarmos um pouco sobre o assunto?

Desde a Antiguidade, as mulheres desempenham um papel fundamental na produção da cerveja. Acredita-se que a fermentação foi descoberta por acaso há cerca de 14.000 anos atrás. E uma vez que as mulheres eram as responsáveis pelas "tarefas domésticas", como preparar a comida, muito provavelmente essa descoberta foi feita por uma mulher. O papel das mulheres nesse processo é representado pela existência de deusas da cerveja (que, geralmente, eram também deusas da agricultura, da colheita e da fertilidade) na mitologia de todas as grandes civilizações antigas: Ninkasi na Mesopotâmia, Hathor no Egito, Deméter ou Ceres na Grécia e em Roma. De quem, aliás, o nosso líquido sagrado tira o seu nome em latim: *cerevisiae*.

Ao longo dos séculos, enquanto a produção de cerveja se manteve como uma tarefa doméstica, ela foi responsabilidade das mulheres. Na cultura dos povos nórdicos da Idade Média, conhecidos mais popularmente como vikings, a elaboração das bebidas era uma tarefa feminina e as mulheres se responsabilizavam por todo o processo e deviam cuidar para que as despensas estivessem sempre bem abastecidas de ingredientes tanto para a elaboração da bebida de todos os dias como também para as festas. A rainha era responsável por portar a taça de bebida simbolizando os laços de fidelidade entre os guerreiros. Esta cerimônia da rainha servindo a bebida é parte de um ritual que confirma o governo do rei e cimenta a ordem social dos seus seguidores. A ordem em que cada um é servido mostra a hierarquia entre os participantes, com o rei vindo primeiro, depois os homens de classe mais alta e, finalmente, os mais jovens. A figura da rainha ou princesa poderia inclusive substituir o rei ou líder ausente no banquete.

Não podemos esquecer também que devemos a uma mulher a popularização do lúpulo na produção de cerveja: a monja beneditina Hildegard von Bingen (1098-1179), mestra do mosteiro de Rupertsberg na cidade de Bingen am Rhein, na Alemanha. Que, no seu tratado de medicina naturalista intitulado *Livro das sutilezas das várias naturezas da criação (Liber subtilitatum diversarum naturarum creaturarum*, no original em latim), escrito entre 1151 e 1158, afirma que o lúpulo seria um eficiente conservante natural para bebidas: "O lúpulo é quente e seco, tem umidade moderada e não é muito útil para beneficiar o homem, porque faz crescer a melancolia no homem, entristece a sua alma e oprime seus órgãos internos. Mas também, como resultado do seu amargor, ele mantém algumas putrefações fora das bebidas, às quais pode ser adicionado para que durem muito mais tempo".

A historiadora norte-americana Judith Bennett é autora de uma extensa pesquisa sobre as mulheres no mercado da cerveja na Inglaterra na passagem da Idade Média para a Idade Moderna (entre 1300 e 1600): as famosas *ale-wives*. Ela afirma que os registros públicos no período pré-Peste Negra (1348-1350) mostram a fabricação de cerveja como uma profissão exclusivamente feminina. Fabricar e vender cervejas permitia que as mulheres trabalhassem e obtivessem seu auto-sustento, lhes concedendo algum grau de independência com relação aos homens. Em um período histórico no qual elas eram impedidas de tomar a maior parte das decisões sobre a sua própria vida. O trabalho da maioria das mulheres no período medieval tardio era de baixa qualificação, baixo status e baixo lucro. Comparativamente, as cervejeiras não-casadas (solteiras ou viúvas) viviam de forma mais independente e tinham um padrão de vida mais alto comparados a outras mulheres medievais com o mesmo estado civil.

Porém, após a Peste Negra (que dizimou quase metade da população europeia), a sociedade medieval passou por muitas mudanças que tiveram efeitos significativos no comércio de cerveja: consolidação dos mercados urbanos, aumento dos padrões de vida, maior acesso ao capital, acesso mais barato aos grãos, maior demanda por cerveja como alimento básico da dieta e centralização e crescente popularidade das *alehouses*. Se, por um lado, essas mudanças teriam ajudado no desenvolvimento do negócio dessas mulheres; por outro, o mercado cervejeiro também se tornou maduro para um maior investimento de capital em insumos, equipamentos e mão-de-obra. E, como explica a autora, eram os homens que tinham os recursos legais, sociais, culturais e, principalmente, capital para comandar uma indústria em rápido processo de capitalização: "devido a essas mudanças, o mercado de cerveja se transformou de uma indústria dominada por mulheres casadas e não casadas, cervejeiras ocasionais, em um comércio profissionalizado e governado por homens". (BENNETT, 1996, p. 168)

Como resultado, após as mudanças do setor após a Peste Negra, as *alewives* no final dos séculos XIV e XV enfrentaram um de dois destinos: maior lucro ou marginalização no comércio. As mulheres que conseguiam permanecer no comércio de cerveja eram geralmente casadas, viúvas ou tinham acesso incomum a dinheiro e capital para uma artesã. Seu casamento garantia o acesso aos recursos e investimentos necessários para se manter no mercado. Com a saída da maioria das mulheres não casadas do comércio de cerveja, a produção independente de todas as mulheres tornou-se menos aceita e as cervejeiras casadas também se tornaram menos independentes de seus maridos.

As demais mulheres envolvidas no comércio de cerveja (cervejeiras ocasionais) perderam a facilidade de entrada no mercado e a estabilidade econômica que encontravam anteriormente e, ou encontraram outros negócios ou métodos de auto-sustento (casamento, prostituição etc.) ou permaneceram no comércio de cerveja empregadas por cervejeiros do sexo masculino. No século XVI, as guildas também centralizaram e regulamentaram a fabricação de cerveja mais fortemente, contribuindo para o declínio das mulheres no comércio de cerveja.

Por fim, não podemos deixar de comentar que o imaginário cristão medieval estigmatizava essas mulheres que traficavam com ervas e caldeirões e que conheciam receitas por meio das quais produziam, quase que por magia (note-se que, naquela época, nada se conhecia sobre os processos de fermentação), uma bebida que entorpecia os homens, deixando-os vulneráveis. Some a isso o fato de que algumas comerciantes de cerveja caminhavam nas feiras medievais com chapéus pontudos para serem reconhecidas; enquanto outras colocavam uma vassoura do lado de fora da própria casa como sinal para avisar que a cerveja estava pronta. Por último, mas não menos importante, nas casas onde havia um estoque de cereais, geralmente havia também um gato, para proteger os cereais do ataque de ratos. Esses símbolos propiciaram a associação entre a fabricação de cerveja e a bruxaria, dando pretexto para uma verdadeira caça às bruxas.

Judith Bennett afirma que as mulheres cervejeiras se tornaram um bode expiatório para todos os vícios que o mundo medieval temia da produção de álcool. As mulheres que trabalhavam na fabricação e venda de cerveja foram acusadas de serem desobedientes a seus maridos, sexualmente desviantes, e também de frequentemente enganarem seus clientes com cerveja diluída e preços mais altos. Seja como sexualmente promíscuas ou empregadoras de prostitutas, as *alewives* eram frequentemente associadas a comportamentos pecaminosos. A cidade de Chester chegou a promulgar uma lei, em 1540, que ordenava que nenhuma mulher entre 14 e 40 anos pudesse vender cerveja, na esperança de limitar o comércio apenas a mulheres acima ou abaixo de uma idade sexualmente ativa.

Esse longo processo acabou por marginalizar as mulheres na produção, comercialização e consumo da cerveja. Roubando delas o papel de protagonistas que mantinham desde a Antiguidade. Até que, já no século XX, o desenvolvimento da publicidade transformou-as de produtoras em produtos a serem consumidos com a cerveja. Mas essa já é outra história...

Referências

BENNETT, Judith M. *Ale, Beer and Brewsters in England: Women's Work in a Changing World*, 1300-1600. New York: Oxford University Press, 1996.

CAMPOS, Luciana. A sacralidade que vem das taças: o uso de bebidas no Mito e na Literatura Nórdica Medieval. *Revista Brasileira de História das Religiões*. v. 8, n. 23, p. 97-107, 2015. Disponível em: https://bit.ly/487oYUb.

CORNELL, Martyn. A short history of hops. *Zytophile*. 20 de novembro de 2009. Disponível em: https://bit.ly/49rQQDz.

MARTINS, Maria Cristina da Silva. Hildegarda de Bingen: *Physica e Causa et Curae*. Cadernos de Tradução. Porto Alegre, p. 159-174, Edição Especial 2019.

MORBIDELLI, Francesca. La storia delle Alewives: um po' birraie, um po' publican, um po' streghe nell'Inghilterra medievale. *La Pinta Medicea: news di birra artigianale e di qualità*. Disponível em: https://bit.ly/3UPKJ8f.

STANDAGE, Tom. *A história do mundo em 6 copos*. Rio de Janeiro: Zahar, 2005.

VAUGHAN, Theresa A. The Alewife: changing images and bad brews. *Avista Forum Journal: Medieval Science, Tecnology & Art.*, v. 21.1/2, p. 34-41, 2011.

IDADE MODERNA

8

A lei alemã de pureza da cerveja: uma história mal contada

No DIA 23 desse mês se comemora o Dia da Cerveja Alemã. Celebração que remete à promulgação da Lei de Pureza da Cerveja pelo Duque da Baviera Guilherme IV (1508-1550), em 23 de abril de 1516. Todo cervejeiro já ouviu falar da famosa *Reinheitsgebot*, que determinava que os únicos ingredientes que deveriam ser utilizados para fabricação da cerveja eram: lúpulo, cevada e água (a ação da levedura na fermentação alcóolica só vai ser descoberta pela ciência em 1835). Mas essa lei é, com muita frequência mal interpretada e mal compreendida. Então, vamos tentar entender um pouco melhor seu contexto, motivações e efeitos.

Para começar, a lei de 1516 não foi a primeira a determinar os ingredientes obrigatórios da cerveja. Já em 1447 o Conselho Municipal de Munique recomendou às cervejarias da cidade a usar nas suas receitas apenas água, cevada e lúpulo, como forma de se livrar dos impostos cobrados pelos monastérios sobre o monopólio do *gruit* (os *gruitrecht*, existentes desde o século IX). Quarenta anos depois (em 30 de novembro de 1487) o duque Albrecht IV (1463-1508) transforma a recomendação do Conselho Municipal em obrigação, dando origem ao primeiro edito de pureza da cerveja. Essa determinação parece ter servido de incentivo à disseminação do uso do lúpulo em substituição ao gruit no Sacro Império Romano-Germânico (962-1806).

A famosa lei de 1516, promulgada por Guilherme IV, seu filho e sucessor no ducado, nada mais fez do que estender essa obrigatoriedade a todo o Ducado da Baviera. Lembrem-se de que a Alemanha não existia como Estado Unificado até 1871. Dessa forma, apesar de ser conhecida hoje como *Lei de Pureza da Cerveja Alemã ou Lei Alemã de Pureza da Cerveja*, ela se estendeu a toda a Alemanha apenas em 1906. Nessa ocasião também, o termo "cevada" foi substituído por "malte" e foi incluído o quarto ingrediente obrigatório da cerveja: o fermento. Assim, a determinação dos ingredientes que deveriam ser utilizados para fabricação da cerveja não era sequer o ponto principal da lei de 1516, porque só repetia o que já havia sido determinado desde o século anterior, mas sim a fixação de preços e multas para a sua comercialização:

> Do dia de São Miguel (29 de Setembro) ao dia de São Jorge (23 de abril), o preço para um *mass* [antiga unidade de medida austro-bávara que equivale a 1,069l] ou um *kopf* [recipiente em forma de tigela, utilizado para líquidos], não pode exceder o valor do *pfennig* de Munique.
>
> Do dia de São Jorge (23 de Abril) ao dia de São Miguel (29 de setembro), o *mass* não será vendido por mais de dois *pfennig* do mesmo valor, e o *kopf* por não mais de três *Heller* (*Heller* geralmente é meio *pfennig*).
>
> Se isto não for cumprido, a punição indicada abaixo será administrada.
>
> Se qualquer cervejeiro fermentar ou tiver outra cerveja, que não a cerveja do verão, não deve vendê-la por mais de um *pfennig* por *mass*.
>
> Além disso, nós desejamos enfatizar que no futuro em todas as cidades, nos mercados e no país, os únicos ingredientes usados para fabricação da cerveja devem ser cevada, lúpulo e água. Qualquer um que negligenciar, desrespeitar ou transgredir estas determinações, será punido pelas autoridades da corte que confiscarão tais barris de cerveja, sem falta.
>
> Se, entretanto, um comerciante no campo, na cidade ou nos mercados comprar dois ou três barris da cerveja (que contém 60 *mass*) para revendê-los ao camponês comum, apenas para este será permitido acrescentar mais um *Hel-*

ler por *kopf*, do que o mencionado acima. Além disso, caso aconteça escassez e subsequente aumento do preço da cevada (considerando também que os tempos da colheita diferem, devido à localização das plantações), Nós, o Ducado da Baviera, teremos o direito de fazer apreensões para o bem de todos os interessados.

A interpretação mais difundida para as motivações dessa lei se refere a uma certa escassez da produção de trigo na região à época. Que, a partir de então, ficaria reservado para a produção de pão. Porém, não se apresenta nenhum documento que comprove a ocorrência de uma má colheita de trigo naquele ano de 1516 e nem nos anos sucessivos. Se esse fosse o principal motivo, a lei teria que ser revisada a cada nova colheita. O que não aconteceu. Além disso, as cervejas de trigo (tradicionais na região), nunca deixaram de ser produzidas e nem consumidas. Mas a sua produção era um direito exclusivo da casa reinante de Wittelsbach. Outros nobres e monastérios só poderiam produzi-las com licença concedida pelos Duques. O primeiro a receber essa concessão foi o Barão Hans IV von Degenberg, em 1548. Em 1602, quando o ultimo herdeiro da Casa von Degenberg, Sigismund, morreu sem deixar herdeiros, o privilegio voltou para as mãos do Duque Maximilian I de Wittelsbach (1597-1623), bisneto de Guilherme IV. Em 1872, Ludwig II (1864-1886) concedeu a um cervejeiro chamado Georg Schneider não apenas a permissão para produção, mas também o aluguel do estabelecimento estatal dedicado à fabricação desse tipo de cervejas em Munique (a Weisses Brauhaus). Mas esse já é um assunto para outro momento.

Dessa forma, ao lado das motivações relacionadas a questões de saúde pública, garantindo a qualidade da cerveja produzida, a chamada Lei de Pureza (que, diga-se de passagem, só recebeu esse nome no início do século XX) tinha também motivações econômicas, na regulamentação de preços e multas para a sua produção e comercialização; e motivações políticas, combatendo o monopólio do *gruit* pela Igreja Católica e reduzindo o seu poder na Baviera, já então sob a influência da Reforma Protestante (iniciada por Martinho Lutero naquele mesmo ano de 1516).

Por fim, os cervejeiros atuais se perguntam se essa limitação a três ingredientes básicos teria sido benéfica ou maléfica para a formação da Escola Cervejeira Alemã. Se perguntam se essa limitação teria engessado ou estimulado a criatividade dos cervejeiros alemães. As duas interpretações têm seus defensores e seus argumentos. E é uma discussão que está longe de acabar. Na década de 1980, por pressão da União Europeia, a lei de pureza deixou de ser aplicada sobre cervejas voltadas para a exportação. Mas o respeito pelas determinações da *Reinheitsgebot* é ainda hoje utilizado como marketing e sinônimo de qualidade por cervejarias dentro e fora da Alemanha.

Referências

DORNBUSCH, Horst. Bavaria. in: OLIVER, Garret (org.). *The Oxford Companion to Beer*. Oxford Universitary Press: New York, p. 181-187, 2012.

DORNBUSCH, Horst. *Prost! The story of german beer*. Brewers Publications, Colorado, 1997.

DORNBUSCH, Horst; HEYSE, Karl-Ulrich. Reinheitsgebot. in: OLIVER, Garret (org.). *The Oxford Companion to Beer*. Oxford Universitary Press: New York, p. 896-897, 2012.

OLIVER, Garret. History of beer. in: OLIVER, Garret (org.). *The Oxford Companion to Beer*. Oxford Universitary Press: New York, 2012, p. 589-595.

Publicado originalmente em Guia da Cerveja, em 23 de abril de 2021.

9

Oktoberfest: História e curiosidades sobre a festa cervejeira mais famosa do mundo

MAIS UMA VEZ chegamos ao mês de Outubro e, nesse ano, eu me dei conta de que ainda não falei aqui nessa coluna da festa cervejeira mais famosa do planeta: a Oktoberfest de Munique. Por ser a mais famosa, você certamente já deve ter ouvido essa história. Mas, mesmo assim, quem sabe eu não trago, nesse texto alguma informação nova, que você ainda não conheça. Então vamos lá!

A festa que se celebra todo ano em Munique teve origem na comemoração do casamento do príncipe herdeiro do então Reino da Baviera, Ludwig de Wittelsbach (1786-1868) e Theresa Carlota de Saxe-Hildburgo (1792-1854), ocorrido em 12 de outubro de 1810. Para celebrar o enlace entre as duas importantes casas dinásticas foi organizada uma grande festa de dois dias (13 e 14 de Outubro) nos campos em frente à porta da cidade, que foram batizados em homenagem à noiva de *Theresienwiese* ("gramado de Theresa"). Exatamente no mesmo local em que ainda hoje se organiza a festa. Todos os habitantes de Munique foram convidados a participar da festa. Para isso, cerveja e comida grátis foram oferecidas em quatro locais diferentes da cidade. O encerramento e ao mesmo tempo ponto alto da festa era a corrida de cavalos que deveria ocorrer no *Theresienwiese*, com a presença da Família Real da Baviera. Lá, estalajadeiros do centro de Munique montaram barracas para a venda de comida e cerveja. O enorme sucesso fez com que fosse marcada outra festa para Outubro do ano seguinte, e assim começou a tradição. A partir de 1811, como forma de promover a agricultura e a economia da Baviera, foi adicionada à festa também uma feira agrícola. Em 1818 apareceu o primeiro carrossel e dois balanços. Origem do grande parque de diversões que é montado hoje em dia no espaço da festa. E no ano seguinte (1819), a população de Munique assumiu a responsabilidade pela organização da festa, fazendo com que se tornasse um evento anual: a Festa de Outubro. Apesar do nome, desde 1872 a festa tem seu início em meados de Setembro, para aproveitar os dias mais longos e quentes do final do verão. E vai até o primeiro domingo de Outubro.

Em 1885, a luz elétrica iluminou pela primeira vez as tendas da Oktoberfest. A esse respeito, as grandes tendas que hoje caracterizam o evento surgiram apenas a partir de 1896, quando Michael Schottenhamel mandou erguer o seu *Bierburg* ("cidade da cerveja"), com capacidade para 1.500 pessoas. Antes disso, as tavernas acomodavam no máximo 50 pessoas. O *Bierburg* foi projetado pelo arquiteto Gabriel von Siedl, que era sobrinho de Gabriel Sedlmayr (1811-1891) proprietário da cervejaria Spaten, criadora do estilo Munich Helles. E, por isso, a cerveja vendida no *Bierburg* era a da Spaten. Nas 14 grandes tendas e as 21 pequenas tendas da festa só podem ser comercializadas cervejas das seis grandes cervejarias de Munique: Augustiner, Hacker-Pschorr, Löwenbrau, Paulaner, Spaten e Hofbräu. Já no século XX, esse veto às cervejas de fora da cidade levantou protestos do príncipe Luitpold, bisneto do último rei da Baviera, e proprietário da cervejaria König Ludwig, produzida em parte no seu Castelo de Kaltenberg, ao sul de Munique. Ele fez várias tentativas de colocar sua própria cerveja na Oktoberfest. Porém, embora ele fosse da família real da Baviera, as regras se mantiveram firmes e suas queixas foram em vão.

Em 1950 foi introduzida a tradicional cerimônio de abertura do festival, em que o Prefeito de Munique abre o primeiro barril, falando a frase: "O' Zapft is!". Algo como "Que a festa comece!".

E apenas em 1960 as corridas de cavalos deixaram de ser realizadas e a festa se transformou em um enorme festival, tal como a conhecemos hoje. O programa da festa inclui desfile de carroças de cerveja, desfiles de trajes típicos, concertos de bandas e apresentação de danças folclóricas, entre outras atrações. A festa é frequentada por seis milhões de visitantes de todo o mundo.

Desde o seu início, a festa deixou de ser realizada 26 vezes: Entre 1813 e 1817, devido às guerra napoleônicas; em 1854 em razão de uma epidemia de cólera (epidemia que vitimou a Rainha Theresa); em 1866, quando os exércitos da Baviera estavam apoiando a Áustria na guerra contra a Prússia; em 1873, em mais um surto de cólera em Munique; entre 1914 e 1918, durante a I Guerra Mundial; em 1923 e 1924 devido à hiperinflação gerada pela derrota da Alemanha na I Guerra; de 1939 a 1945, durante a II Guerra Mundial; de 1946 a 1948, mais uma vez devido à situação econômica da Alemanha no imediato pós-guerra, foi substituída por um pequeno "Festival de Outono"; e, finalmente, em 2020 e 2021 devido à pandemia de COVID.

A Oktoberfest também já foi palco de um atentado terrorista. Em 26 de Setembro de 1980, uma bomba de fabricação caseira, constituída por um extintor de incêndio com 1,39 kg de dinamite, explodiu na lixeira de um banheiro perto da entrada principal. Treze pessoas faleceram, mais de 201 ficaram feridas, das quais 68 gravemente. A responsabilidade do atentado foi atribuída a Gundolf Köhler, um ativista de extrema-direita morto durante o atentado. A versão oficial é a de que ele teria agido sozinho. Mas essa tese é ainda hoje contestada. Foi o segundo ataque terrorista com vítimas fatais ocorrido na Alemanha, depois do atentado ocorrido durante os Jogos Olímpicos de 1972, também em Munique, organizado pelo grupo terrorista palestino Setembro Negro, em que 17 pessoas foram mortas.

Conrad Seidl chama a atenção para o aspecto político da festa. Diz ele que, "muitas vezes se esquece que a primeira Oktoberfest foi uma manifestação política para demonstrar a unidade nacional durante e após as guerras napoleônicas". Até 1813, o Reino da Baviera era aliado do Império Napoleônico como um estado tampão entre a França e a Áustria. Tendo mudado de lado naquele ano. Segundo o autor, esse caráter político da Oktoberfest foi revivido outras vezes, como durante a unificação alemã na década de 1870, sob o regime nazista na década de 1930 (quando a bandeira com a suástica substituiu a bandeira bávara branca e azul) e após a reunificação alemã na década de 1990. Particularmente, discordo dessa Interpretação de Seidl. Porque a Oktoberfest me parece estar muito mais intrinsecamente ligada à manutenção de uma identidade cultural bávara do que de uma identidade alemã.

Referências

História da Oktoberfest. *Oktoberfest.net – O guia internacional da Oktoberfest*. Disponível em: www.oktoberfest.net.

Oktoberfest. *Wikipedia – a enciclopédia livre*. Disponível em: https://en.wikipedia.org/wiki/Oktoberfest.

SEIDL, Conrad. Oktoberfest. In: OLIVER, Garret (ed.). *The Oxford Companion to beer*. New York: Oxford University Press, 2012, p. 813-815.

Reino da Baviera. *Wikipedia – a enciclopédia livre*. Disponível em: https://bit.ly/3OxkkYL.

Publicado originalmente em Guia da Cerveja, em 9 de outubro de 2022.

CERVEJA E COLONIZAÇÃO

10

Martyn Cornell e a sua caçada aos "mitos" na história da IPA

DESDE 2011 se comemora na primeira quinta-feira do mês de agosto o IPA Day. Um dia para homenagear esse estilo que nasceu na Inglaterra, se popularizou nos Estados Unidos e caiu nas graças dos consumidores do mundo inteiro. Você, certamente, já deve ter escutado a versão mais popular da história da criação das IPAs. Assim como as controvérsias em torno dela. Para quem ainda não ouviu, aí vai a versão resumida da história:

Durante o período de dominação colonial britânica da Índia (entre 1773 e 1947), os administradores coloniais e os militares que eram mandados para servir na Índia precisavam ser abastecidos de cerveja, que tinha que vir da Inglaterra já que não se produzia cerveja na Índia. Uma vez que as cervejas poderiam não resistir à viagem de navio da Inglaterra até a Índia, o cervejeiro e proprietário da Bow Brewery, de Londres, chamado George Hogdson, teria criado uma cerveja Pale Ale com uma carga extra de lúpulo para suportar a viagem. Essa nova cerveja fez muito sucesso entre os ingleses na Índia e passou a ser procurada também na Inglaterra, por aqueles soldados e administradores que voltavam da sua temporada no Oriente. Principalmente depois que um lote dessa cerveja que estava sendo levado para a Índia foi resgatado de um naufrágio na década de 1820 e leiloado para os habitantes locais na Inglaterra.

Mas, essa versão da história vem sendo contestada por pesquisadores. O mais aguerrido dos quais é, certamente, o jornalista inglês Martyn Cornell, pesquisador da história da cerveja na Inglaterra, que se debruça sobre o tema desde (pelo menos) 2008, lendo jornais e livros dos séculos XVIII e XIX atrás de pistas sobre o surgimento do estilo e publicando o resultado das suas pesquisas no seu site *Zythophile*. Segundo suas pesquisas, desde o início do século XVIII, os ingleses já sabiam que cervejas mais alcóolicas e lupuladas resistiam melhor às longas viagens marítimas. O armazenamento em barril garantia a qualidade da cerveja por até mais de um ano, e tanto cervejas Porter como Pale Ale eram exportadas para as colônias inglesas com êxito. Dessa forma, não é possível atribuir a Hogdson a criação do estilo. Aliás, segundo Cornell, não há nenhuma evidência de que a IPA tenha sido "inventada". Segundo ele, parece mais provável que o estilo tenha se desenvolvido lentamente a partir de Pale Ales existentes, e eventualmente, por volta de 1830, tenha recebido um nome novo: *East India Pale Ale*.

Aliás, ainda segundo as pesquisas de Cornell, a primeira aparição do termo *East India Pale Ale* na imprensa aconteceu em um jornal australiano. O *Sydney Gazette and New South Wales Advertiser* de 29 de agosto de 1829, publicou que a venda de Mr. Spark possuía cervejas da Taylor Walker e *East India Pale Ale*. Alguns meses após esse primeiro anúncio, em 19 de fevereiro de 1830, outro jornal australiano, o *Colonial Times of Hobart*, na Tasmânia, anunciava a venda da *Taylor's Brown Stout e East India Pale Ale*. Sendo assim, até o momento, a primeira cerveja a ser nomeada de India Pale Ale é a de Taylor Walker.

Antes disso, mas também por algum tempo depois, essa cerveja era conhecida como *Pale Ale for India* (Pale Ale preparada para a Índia) ou apenas Pale Ale, sem nenhuma distinção daquela produzida para o mercado inglês. Já na Inglaterra, a primeira menção à India Pale Ale aparece na edição de 30 de janeiro de 1835 do *Liverpool Mercury*. Cornell chama a atenção para o curioso fato de que a cerveja anunciada era justamente da Bow Brewery. Que, além do mais, fazia muito sucesso também na Austrália, como mostra um anúncio no *Monitor*, de Sidney: "outro jornal de Sydney, o Monitor, reclamou em abril de 1828 que a 'cerveja colonial' não era 'tão boa quanto' a pale ale de Hodgson, e anúncios em jornais australianos para a pale ale de Hodgson de, pelo menos, 1823 a chamavam de 'celebrada' e 'altamente estimada'."

Ao longo do século XIX, além da Bow Brewery, várias outras cervejarias também enviavam cervejas para a Índia, mas essas cervejas eram vendidas sem identificação alguma. Hodgson teria sido o primeiro a começar a enviar garrafas identificadas com o nome da sua cervejaria. E, por isso, acabou se tornando o cervejeiro mais conhecido e ganhando a fama de inventor do estilo. Segundo Cornell, a vantagem de Hodgson era a de que a sua cervejaria estava localizada perto do porto de onde partiam os navios para o Oriente. Dessa forma, quando os capitães dos navios foram procurar cerveja para vender no Oriente, eles foram à cervejaria mais próxima. Além disso, Hodgson oferecia aos capitães um crédito estendido, de até 18 meses, para pagar a cerveja que compravam dele. Mas a cerveja que ele enviava não deveria ser diferente, pelo menos no início, de outras cervejas pale ales que eram fabricadas na época.

Muito cedo, Hogdson começou a sofrer a concorrência das cervejarias de Burton-Uppon-Trent, como a Allsopp e a Bass, no mercado indiano. E acabou concentrando a sua venda na própria Inglaterra. Também por isso, não é de se admirar que o primeiro anúncio de India Pale Ale publicado na Inglaterra tenha sido justamente da Bow. A cervejaria de Hodgson, inclusive, entrou em crise quando foi construída a linha férrea entre Londres e Burton-Uppon-Trent, em 1839. Explica Cornell que os fabricantes de Burton já tinham um acesso relativamente fácil ao porto de Liverpool (de onde saía grande parte do transporte marítimo para o exterior) através de uma rede de canais, mas, a partir de então, o frete entre Londres e Burton caiu de £3 a tonelada para 15 xelins, e o tempo que um barril de cerveja levava para viajar de Staffordshire para a capital caiu de uma semana para 12 horas. A partir da década seguinte o estilo começa a se popularizar no Reino Unido, apesar de já estar à venda em Londres desde, pelo menos, 1822 (segundo anúncio no The Times de 11 de janeiro daquele ano, também citado por Cornell). Diz Cornell que a partir de abril de 1841, apareciam no The Times cinco ou seis pequenos anúncios diários de comerciantes vendendo "India Ale", "Pale India Ale", "Pale Export India Ale" e outras variações.

E, por isso, o autor questiona também que o famoso naufrágio (que, segundo suas pesquisas, teria acontecido em 1839 e não na década de 1820) tenha sido responsável pela popularização do estilo, como conta a versão popular da história. Segundo Cornell, tanto a versão de que George Hodgson inventou o estilo, quanto a história da sua popularização no Reino Unido por meio do naufrágio nascem da mesma fonte: um livro chamado *Burton-upon-Trent: sua história, suas águas e suas cervejarias*, escrito por um certo Willian Molyneaux e publicado em 1869. Esse autor afirma que:

> "A origem da India Ale é por consentimento comum creditada a um cervejeiro londrino chamado Hodgson, que (...) descobriu o processo de fabricação de uma bebida peculiarmente adequada ao clima das Índias Orientais e que, sob o nome de 'India Pale Ale', monopolizou o comércio indiano de cerveja inglesa (...) A cervejaria onde a pale ale foi produzida pela primeira vez, de acordo com a opinião popular, foi a Old Bow Brewery."

Perceba que as afirmações de Molyneaux não se baseiam em pesquisas, mas no "consentimento comum" e na "opinião popular". Ou seja, como infelizmente ainda acontece muito quando o assunto é história da cerveja, o autor estava apenas reproduzindo afirmações que eram repetidas, como se diz popularmente, no "boca a boca". Porém, ressalta Cornell que ele não tem a intenção de minimizar o papel de Hodgson na história da popularização da IPA. Como ele afirma: "não há dúvida de que a Pale Ale de Hodgson conquistou a maior parte do (comparativamente pequeno) mercado de cerveja indiano antes de 1820; que Hodgson era facilmente a cerveja com a melhor reputação no mercado indiano; e que a reputação da cervejaria Bow durou décadas, mesmo depois que as cervejarias rivais chegaram e começaram a tirar Hodgson do mercado com suas próprias pale ales." Dessa forma, se por um lado, não se pode dizer que Hodgson foi o inventor do estilo; por outro, também não se pode negar que ele teve um importante papel na difusão do seu comércio tanto nas Índias Orientais, quanto no mercado britânico. Como sempre, a História, com todas as suas nuances e reviravoltas, é mais complexa do que qualquer esquematização que tente simplificá-la.

Há muito mais nas pesquisas de Cornell. Ele discute como poderia ser a lupulatura de uma IPA de finais do século XVIII e início do XIX, quem deveriam ser os seus principais consumidores, a divisão do mercado nas colônias britânicas entre as diferentes cervejarias e o preço das IPAs no mercado indiano (quatro vezes mais caras do que em Londres, no final do século XVIII!).

Cornell afirma ainda que, depois que questionou pela primeira vez a versão popular da história, ainda nos idos de 2008, recebeu uma onda de mensagens raivosas vindas, na sua maior parte, dos Estados Unidos. As pessoas estavam chateadas, diz ele, por ele estar destruindo uma de suas histórias preferidas. Infelizmente, é muito comum que as pessoas se apeguem às suas certezas, ainda que elas não estejam baseadas em nada além da crença popular.

Referências

CORNELL, Martyn. Myth 4: George Hodgson invented IPA to survive the long trip to India. *Zythophile*. 2008. Disponível em: https://abre.ai/iQf4.

CORNELL, Martyn. IPA: much later than you think. *Zythophile*. 19 de novembro de 2008. Disponível em: https://abre.ai/iQf5.

CORNELL, Martyn. much later than you think part 2. *Zythophile.* 19 de novembro de 2008. Disponível em: https://abre.ai/iQf6.

CORNELL, Martyn. The first ever reference to IPA. *Zythophile.* 29 de março de 2010. Disponível em: https://abre.ai/iQf7.

CORNELL, Martyn. Four IPA myths that need to be stamped out for #PADay. *Zythophile.* 04 de agosto de 2011. Disponível em: https://abre.ai/iQf8.

CORNELL, Martyn. More IPA myths that must die on #IPADay. *Zythophile.* 02 de agosto de 2012. Disponível em: https://abre.ai/iQf9.

CORNELL, Martyn. The earliest use of the term India Pale Ale was... in Australia?. *Zythophile.* 14 de maio de 2013. Disponível em: https://abre.ai/iQga.

CORNELL, Martyn. The IPA shipwreck and the night of the big wind. *Zythophile.* 12 de outubro de 2015. Disponível em: https://abre.ai/iQgb.

Publicado originalmente em Guia da Cerveja, em 8 de agosto de 2021.

11

O *Halloween* e as cervejas de abóbora

No final desse mês se comemora o Halloween. E junto com o Halloween vêm as cervejas de abóbora (ou Pumpkin Ales), muito populares nos Estados Unidos. Na coluna desse mês vamos saber um pouco mais sobre a relação entre essa data tradicional do calendário comemorativo dos Estados Unidos (mas que cada vez mais se espalha pelo resto do mundo, incluindo o Brasil) e esse tipo particular de cerveja.

Talvez nem todos saibam que a festa de Halloween não nasceu na América, mas tem origens muito antigas, que remontam à Irlanda, quando esta era povoada pelos celtas. O Halloween corresponde ao *Samhain*, o ano novo celta. Para os celtas o ano novo não se iniciava no dia 1º de janeiro, mas sim no dia 1º de novembro (do calendário atual), quando terminava oficialmente o verão e começava a estação da escuridão e do frio. Tempo em que se recolhiam em casa por muitos meses, protegendo-se do frio, fazendo ferramentas e passando noites contando histórias e lendas. O *Samhain* ("fim do verão") era um momento de celebração por conta da colheita que tinha sido realizada e que os sustentaria durante o longo inverno que se aproximava.

A morte era o tema principal da festa, em consonância com o que se passava na natureza: durante o inverno a vida parece silenciosa, enquanto se renova no subsolo, onde os mortos também repousam. Os celtas acreditavam que durante o *Samhain* os espíritos poderiam se juntar ao mundo dos vivos, devido a dissolução temporária das leis do tempo e do espaço. Dessa forma, o *Samhain* era uma festa que combinava o medo da morte e dos espíritos com a alegria das celebrações de final de ano. Durante 3 dias eram acesas fogueiras no topo de colinas (o Fogo Sagrado) e os celtas, temendo serem arrastados para a vida após a morte, adotavam disfarces com máscaras grotescas e peles de animais e iluminavam-se com lanternas esculpidas em cebolas e nabos, para confundir fantasmas, fadas e demônios.

No processo de cristianização da Irlanda, a comemoração do Halloween não foi totalmente cancelada, mas sincretizada ao Dia de Todos os Santos, por ordem do Papa Gregório III (731-741) que determinou que a Festa de Todos os Santos fosse celebrada não mais em 13 de maio, mas em 1º de novembro. E posteriormente foram implementadas três celebrações simultâneas nessas datas: *All Hallow's Eve* (31/10), a véspera do Dia de Todos os Santos; *All Saints' Day* (1/11), Dia de Todos os Santos; e *All Souls' Day* (2/11), Dia de Finados. Correspondendo, assim, aos 3 dias fogueiras dos celtas.

Em meados do século XIX, a Irlanda foi atingida por uma terrível fome e, para escapar da pobreza, muitas famílias resolveram deixar a ilha e tentar a sorte nos Estados Unidos. La mantiveram vivas as tradições e costumes de sua pátria, e entre eles a comemoração do Halloween em 31 de outubro. Esse costume se espalhou por todo o país, se tornando um feriado nacional. A festa resgatou elementos oriundos da festa pagã e os modernizou. Em Lugar de utilizar nabos e cebolas para esculpir rostos macabros que tinham a função de afastar os maus espíritos, passaram a ser utilizadas abóboras, uma vez que havia mais abóboras do que nabos na América do Norte.

Na Irlanda existia a lenda de um irlandês chamado Jack que convidou o diabo para tomar uma bebida com ele. Ao final da bebedeira, ele convenceu o diabo a transformar-se em uma moeda para que pudesse pagar a conta. Depois de convencer o diabo, ele colocou a moeda próxima a uma cruz de prata, o que impediu que o diabo voltasse a sua forma normal. Ao morrer, Jack não foi aceito no céu por ter feito um trato com o diabo e também não foi aceito no inferno por ter enganado o próprio diabo. Foi, então, condenado a vagar pela terra em meio a escuridão e para fazê-lo recebeu um nabo com um carvão em chamas que serviria para que ele pudesse iluminar seu caminho. Assim ficou conhecido como *"Jack of the Lantern"*, que eventualmente se contraiu para *"jack-o-lantern"*. Essa é a expressão usada atualmente para se referir às abóboras esculpidas com rostos e iluminadas com velas no seu interior.

Assim como outros estilos, as Pumpkin Ales parecem ter nascido da necessidade de adaptação dos cervejeiros do Novo Mundo aos ingredientes que eles tinham disponíveis. Os primeiros colonos que se estabeleceram na América do Norte aprenderam a cultivar abóboras com as populações indígenas. Originalmente, a abóbora era usada em substituição à cevada como fonte de açúcares. A cerveja de abóbora foi um dos muitos alimentos incluídos em uma das primeiras canções coloniais intitulada "*Aborrecimentos da Nova Inglaterra*", datada de 1643 e conhecida como a primeira canção folclórica da América, que satiriza a abundância de abóboras: "Temos abóbora pela manhã e abóbora ao meio-dia / Se não fosse pelas abóboras, não existiríamos", e mais adiante: "Pois podemos fazer licor, para adoçar nossos lábios / De abóboras e nabos e *chips* de castanheira." A referência mais antiga às Pumpkin Ales parece ser a descrição de um método de fabricação datado de 1771, da *American Philosophical Society*, da Filadélfia:

> Receita para Pompion Ale: Que a Pompion seja batida em uma calha e prensada como maçãs. O suco obtido deve ser fervido em cobre por um tempo considerável e cuidadosamente desnatado para que não haja restos da parte fibrosa da polpa. Depois de atingido esse objetivo, que o licor seja lupulado, resfriado, fermentado etc. como a cerveja de malte.

Com o aumento das trocas comerciais e a maior disponibilidade de malte de cevada na América, as razões da existência de Pumpkin Ales deixaram de existir e o estilo quase desapareceu completamente. Elas foram redescobertas na época da *Craftbeer Revolution* nos Estados Unidos. Agora como uma cerveja sazonal, produzida no período de setembro a novembro, época da colheita da abóbora, para a comemoração do Halloween. Podem ser produzidas usando polpa de abóbora em combinação com malte ou outros grãos mais comuns contribuindo com os açúcares fermentescíveis para o mosto. Mas também utilizando a abóbora como adjunto para dar um sabor natural à cerveja. Um sabor artificial também pode ser adicionado à cerveja pronta para evocar o sabor da torta de abóbora, uma sobremesa americana popular no inverno.

A primeira cerveja de abóbora fabricada comercialmente veio da Cervejaria Buffalo Bill em Hayward, Califórnia, no ano de 1986 (America's Original Pumpkin Ale), a receita seria baseada em estudos de cerveja feitos por George Washington, primeiro presidente dos EUA e um notório cervejeiro. Outros exemplos comerciais são a Rogue Pumpkin Patch, Brooklin Post Road e a Samuel Adams Jack-O Pumpkin Ale.

Referências

HISTORY of Pumpkin Ale. *Homebrew Talk*. Disponível em: https://abre.ai/iQgm. Acesso em 04/10/2021.

PAUL, Gerard. History of Pumpkin Beer – From Beer of Necessity to Seasonal Staple. *Many Eats*. https://abre.ai/iQgn. Acesso em 04/10/2021.

PUMPKIN Ale. *Wikipedia*. Disponível em: https://abre.ai/iQgo. Acesso em 04/10/2021.

PUMPKIN Ale: history, ingredientes and style. *Birra Baladin*. Disponível em: https://abre.ai/iQgp. Acesso em 04/10/2021.

SAMHAIN. *Wikipedia*. Disponível em: https://abre.ai/iQgq. Acesso em 02/10/2021.

SAMHAIN, la vera storia di Halloween. *Irlandando.it*. Disponível em: https://abre.ai/iQgs. Acesso em 02/10/2021.

SIGNIFICADO de Halloween. *Significados.com.br*. Disponível em: https://abre.ai/iQgt. Acesso em 02/10/2021.

SMITH, Gregg. *Beer in America: The Early Years–1587-1840: Beer's Role in the Settling of America and the Birth of a Nation*. Brewers Publications, 1998.

Publicado originalmente em Guia da Cerveja, em 31 de outubro de 2021.

CERVEJA E REVOLUÇÕES NO SÉCULO XIX

12

A revolução das Pilsners

O SÉCULO XIX foi marcado por diversas Revoluções. Ao longo do século ocorreram várias guerras de independência, incluindo a do Brasil, em 1822; as Revoluções Liberais de 1830 e 1848; as guerras de unificação nacional da Itália (entre 1848 e 1861) e da Alemanha (concluída em 1871), além de outras menores. Entre essas, uma quase desconhecida: a Revolta da Cerveja ocorrida na cidade de Pilsen em 1838. Acontecimento muito importante para a história da cerveja, porque vai dar origem ao mais popular estilo de cervejas que existe até hoje. E aproveitando que o mês de Novembro marca o aparecimento da primeira cerveja desse estilo, vamos contar um pouco dessa história.

Pilsner, em alemão significa "natural de Pilsen". Em 1295 o rei Venceslau II (1278–1305), do então Reino da Boêmia, fundou a nova cidade de Pilsen (ou Plzen, em Tcheco), na confluência dos rios Radbuza, Mze, Úslava e Úhlava. Movendo-a cerca de 10 km do seu local original (datado do século X). Abaixo da cidade existe um labirinto de porões, túneis e nascentes. Este mundo subterrâneo proporcionou condições ideais para os cidadãos armazenarem alimentos, abrigarem-se em tempos de cerco e fabricarem e armazenarem cerveja. O rei deu a todos os habitantes da cidade o direito de preparar e vender cerveja em suas casas, um privilégio que em toda a Europa Central era geralmente reservado aos nobres. E são de 1307 os primeiros documentos escritos que atestam a presença de cervejarias nesse território. Os boêmios estabeleceram guildas e deram à produção de cerveja um lugar central na sociedade. A maior prova disso é o fato de que o primeiro manual de fabricação de cerveja impresso no mundo foi o *De Cervisia*, do boêmio Tadeas Hajeck, de 1588.

Em meados do século XIX, os cidadãos de Pilsen estavam bastante insatisfeitos com a cerveja produzida pelas seis cervejarias existentes na cidade. Insatisfação que, segundo Roger Protz, acabou culminando, em 1838, em uma manifestação em que proprietários de taverna derramaram 36 barris de cerveja das cervejarias locais em frente à Prefeitura, na Praça central da cidade. Outros autores afirmam que foi o próprio conselho da cidade que derramou os barris. Essa "Revolta da Cerveja" foi o ponto de virada para a produção de cerveja em Pilsen.

Empresários locais, donos de tavernas e os administradores da cidade se uniram para levantar fundos para a construção de uma nova cervejaria, criando assim a *Bürgerliches Brauhaus* (ou a "Cervejaria dos Cidadãos"), em 1839. Cujo prédio foi projetado pelo renomado arquiteto Martin Stelzer (1815-1894). Para comandá-la foi contratado o mestre-cervejeiro bávaro Josef Groll (1813-1887). Entre 5 de outubro e 11 de novembro de 1842, Groll produziu o primeiro lote da nova cerveja. A maioria das cervejas produzida na Boêmia em meados do século XIX era de alta fermentação (ales), de cor escura e turvas. Mas Groll foi instruído a recriar uma cerveja lager em estilo bávaro. Para isso, segundo Pete Brown, ele recrutou assistentes de cervejeiro e fabricantes de barris da Baviera e trouxe com ele uma levedura lager bávara contrabandeada através da fronteira. Utilizando a água "mole" de Pilsen (com baixo conteúdo mineral), o lúpulo Saaz da Boêmia (caracterizado por um baixo amargor) e a cevada da Morávia, Groll criou uma "bebida dourada com espessa espuma branca como a neve" (OLIVER, 2012, p. 846).

Mas, além de revoluções políticas e sociais, o século XIX foi também um século de revoluções tecnológicas. E a cor da nova cerveja de Groll era fruto dessas revoluções. Foi resultado do uso de maltes mais claros, obtidos por meio de um processo mais controlado de torra do malte. Em 1818, o engenheiro e inventor britânico Daniel Wheeler patenteou um "Novo ou Aprimorado Método de Secagem e Preparação do Malte". Wheeler se inspirou nas torrefadoras de café para criar um tambor giratório onde o malte não ficaria exposto ao diretamente ao fogo do forno ou à fumaça, ao contrário do que acontecia nos fornos tradicionais. O malte também poderia ser seco de forma mais homogênea e os produtores poderiam ajustar a temperatura e a duração dos processos de secagem e, assim, controlar a cor e o sabor do produto acabado. Do malte claro suavemente tostado até o malte preto severamente torrado. A nova e vasta gama de maltes levou à criação de vários novos estilos de cerveja.

Porém, segundo Pete Brown, seria incorreto se referir à Pilsner de Groll como a primeira cerveja dourada do mundo. Porque os cervejeiros ingleses de *pale ales* teriam sido os pioneiros no uso de maltes claros (*pale*) décadas antes e os cervejeiros bávaros teriam admitido livremente que apenas roubaram o conhecimento para produzir as suas cervejas. Para além dessa polêmica, o fato é que a cerveja de coloração dourada combinou perfeitamente com outro fruto das revoluções industriais do século XIX: a indústria de vidros. Ao longo daquele século, a região da Boêmia se tornou uma grande produtora de cristais, mundialmente famosos e que adornavam os palácios das principais monarquias europeias.

Algo que não dá margem à polêmicas é o fato de que a cerveja de Groll deu origem ao estilo Pilsner. Porém, ressalta Pete Brown que, "talvez como resultado de seu prazer embriagado", os burgueses de Pilsen não registraram a marca pilsner bier até 1859, época em que já havia muitas outras cervejas no mercado que se referiam a si mesmas como cervejas de estilo pilsner. E apenas em 1898 a *Bürgerliches Brauhaus* registrou a marca Pilsner Urquell, em alemão, ou *Plzensky Prazdroj*, em tcheco (que significa Pilsner Original), alterando o nome da cervejaria. Devido à popularidade do estilo, muitas outras cervejas foram criadas para disputar o mercado com as, agora, Bohemian Pilsner. Afirma Pete Brown que 95% do volume global de cerveja é composto por imitações da pilsner original. Mas o nome Pilsner é hoje marca registrada das cervejarias da cidade de Pilsen.

Referências

AMARAL, Cláudia Alvares. Vidro da Boêmia nas coleções do Palácio Nacional da Ajuda. *Artigos em Linha*. Palácio Nacional da Ajuda. n. 2, novembro de 2010.

BROWN, Pete. Groll, Josef (1813-1887). In: OLIVER, Garret (org.). *The Oxford Companion to Beer*. Oxford Universitary Press: New York, p. 555, 2012.

BROWN, Pete. The "Original Pilsner". In: OLIVER, Garret (org.). *The Oxford Companion to Beer*. Oxford Universitary Press: New York, p. 846-847, 2012.

FUNK, Holger. Tadeas Hajek De Cervisia: a sixteenth century treatise on the brewing of beer with hops. Brewery History. *The Brewery History Society*. n. 162, p. 41-55, 2015.

HAMPSON, Tim. Pilsen (Plzen). In: OLIVER, Garret (org.). *The Oxford Companion to Beer*. Oxford Universitary Press: New York, p. 844-845, 2012.

KAYE, Nick. Wheeler, Daniel. In: OLIVER, Garret (org.). *The Oxford Companion to Beer*. Oxford Universitary Press: New York, p. 1076-1077, 2012.

OLIVER, Garret. Czech Republic. In: OLIVER, Garret (org.). *The Oxford Companion to Beer*. Oxford Universitary Press: New York, p. 396-398, 2012.

PROTZ, Roger. Pilsner Urquell. In: OLIVER, Garret (org.). *The Oxford Companion to Beer*. Oxford Universitary Press: New York, p. 848-849, 2012.

Verbete "Pilsner". Wikipedia. Disponível em: https://abre.ai/iQgB.

Publicado originalmente em Guia da Cerveja, em 21 de novembro de 2021.

13

A revolta da lager de Chicago

ALGUNS meses atrás, eu contei como uma pequena revolta ocorrida na cidade de Pilsner em 1838 deu origem ao estilo de cerveja mais popular do mundo. Nesse mês e no próximo vou falar sobre duas outras revoltas ocorridas no século XIX que também têm a cerveja como um dos seus elementos. A primeira é a que ocorreu em Chicago, em 1855.

A cidade de Chicago passou por um rápido crescimento nas décadas de 1840 e 1850 em grande parte por causa da imigração de alemães e irlandeses católicos. Esses imigrantes se estabeleceram no lado norte da cidade e trabalhavam seis dias na semana, deixando o domingo como seu principal dia para socializar. Boa parte dessa socialização acontecia nas pequenas tavernas que pontilhavam o lado norte de Chicago. Como afirma o historiador Brian Alberts: "A cerveja era mais do que uma bebida – era um apoio cultural integral para os imigrantes que se instalavam em um novo lar."

Em várias partes dos Estados Unidos, de maioria protestante, o crescimento da influência católica produziu uma reação na forma de um movimento populista e xenófobo que ficou conhecido como *Know Nothing*, que levantava uma bandeira anticatólica e anti-imigração. Seu nome coloquial se deve ao fato de que os membros do movimento eram obrigados a dizer "não sei de nada" sempre que fossem questionados por pessoas de fora sobre suas especificidades. Originalmente uma sociedade secreta, o movimento assumiu a forma de partido político por meio do Partido

Americano, que foi um dos precursores dos movimentos de temperança nos Estados Unidos. Então, além de anticatólico e antiimigração, o movimento também tinha ao menos uma semente antialcoólica.

Foi com uma plataforma anti-imigração, anticatólica e pró-temperança que Levi Boone (1808-1882) se elegeu prefeito de Chicago em 1855 pelo Partido Americano. Em seu discurso de posse, Boone declarou: "Não posso ficar cego para a existência em nosso meio de uma poderosa organização político-religiosa, onde todos os seus membros e seus principais oficiais estão vinculados sob um juramento de fidelidade ao temporal, bem como a supremacia espiritual de um déspota estrangeiro". Boone fazia menção à uma teoria da conspiração, na qual acreditavam os membros do movimento *Know Nothing*, segundo a qual os católicos (chamados "romanistas") procuravam subverter a liberdade civil e religiosa nos Estados Unidos sob o comando do Papa (o "déspota estrangeiro"). Nas eleições daquele ano, os *Know Nothings* ocuparam ainda seis dos dez assentos do Conselho Municipal de Chicago.

Associado à sua xenofobia, Boone, um pastor batista e defensor da temperança, acreditava que os mandamentos eram profanados por ter estabelecimentos de bebidas abertos no fim de semana. E, dessa forma, decretou que os bares permanecessem fechados aos domingos. Ao mesmo tempo, o Conselho Municipal decidiu aumentar o custo da licença para a venda de bebidas alcóolicas de US$50 para US$300, que deveria ser renovada a cada três meses. Aos olhos dos imigrantes alemães e irlandeses, essas medidas eram vistas como um meio de controle usado pelas elites para controlar a classe trabalhadora imigrante e impor o que era considerado um comportamento socialmente aceitável. Para aqueles que a fabricavam ou vendiam, a cerveja representava seu sustento econômico. Cervejeiros alemães locais, como John Huck e Conrad Seipp, forneciam lagers alemãs para os bares, cuja remessa diária podia secar às três da tarde. Por isso, apesar da proibição, os donos de bares continuaram a vender cerveja aos domin-

A revolta da lager de Chicago

gos. Alberts afirma que, para fugir da fiscalização, Valentin Blatz, dono de um bar alemão, fechava as cortinas e empilhava copos de cerveja vazios contra as janelas, abafando o som para que a polícia que passava não pudesse ouvir o burburinho dentro do estabelecimento, enquanto seus clientes entravam por uma porta secreta no consultório médico adjacente. Foi o precursor dos *speakeasy*, que se multiplicaram durante a Lei Seca (1920-1933).

Isso resultou na prisão de mais de 200 alemães por violação tanto da licença quanto das ordenanças dominicais. Os donos de "saloons" decidiram, então, se unir para se defender e resistir, formando um conselho de representação e contribuindo para um fundo comum. E marcaram uma manifestação para o dia 21 de abril, quando o tribunal de justiça de Chicago deveria emitir uma sentença sobre as prisões.

No dia da audiência, centenas de manifestantes encheram a sala do tribunal e os corredores externos e acabaram por entrar em confronto com a polícia. Na tarde do mesmo dia, ondas de imigrantes vindos da parte norte invadiram o centro da cidade, tocando pífanos e tambores. Quando os manifestantes se aproximaram do rio Chicago, na altura da Clark Street, o prefeito ordenou que as pontes giratórias fossem abertas para impedir que eles cruzassem o rio, deixando muitos manifestantes presos nessas pontes. A polícia disparou contra os manifestantes, que revidaram, havendo mortes dos dois lados. Canhões carregados foram posicionados na praça do tribunal para conter os manifestantes.

Apesar disso, em certa medida a revolta da lager de Chicago foi vitoriosa, levando a um acordo no qual o conselho da cidade baixou a taxa de licenciamento de bebidas de US$300 para US$100. A proibição de funcionamento dos bares aos domingos foi revogada no ano seguinte, depois que Boone deixou o cargo, sendo substituído por Thomas Dyer, do Partido Democrata. Apesar de ter decidido não libertar aqueles donos de bares que haviam sido presos por não pagarem a taxa, a maioria dos presos durante o tumulto foi libertada e não foi a julgamento. Por outro lado, o movimento ilustrou o risco que os imigrantes alemães estavam dispostos a assumir para proteger os proprietários de bares alemães que eles consideravam líderes de sua comunidade, levando à criação de um maior senso de comunidade dentro desse grupo. Como conclui Brian Alberts: "Para os imigrantes alemães de Chicago em 1855, seu desejo por um espaço cultural próspero em sua nova casa espumava dentro de seus copos de cerveja. Eles consideraram que valia a pena lutar."

Referências

ALBERTS, Brian. The Lager Beer Riot: Chicago's first North Side War. *Brewed Culture: Beer in Context.* Acessível em: https://abre.ai/iQgE.

HOGAN, John F. & BRADY, Judy E. *The Great Chicago Beer Riot: how lager struck a blow for liberty.* Illinois: The History Press, 2015.

Lager Beer Riot. *Wikipedia.* Acessível em: https://abre.ai/iQgF. SMITH, Gregg. The Chicago Beer riots. *Beerhistory.com.* Acessível em: https://abre.ai/iQgG.

Publicado originalmente em Guia da Cerveja, em 21 de abril de 2022.

14

A revolta da cerveja de Munique

Em novembro de 1843, um cartaz de protesto apareceu pregado numa ponte sobre o rio Isar, que corta a cidade de Munique. Sua mensagem era simples e direta: "A cerveja está muito cara."

Na época, o governo da Baviera controlava rigorosamente a indústria cervejeira, incluindo um preço oficial que definia duas vezes por ano, chamado de *Biersatz*. Definido por Kim Newark Carpenter como: "um ato de equilíbrio politizado entre a necessidade de receita do governo, a flutuação dos preços dos grãos, o protecionismo para as cervejarias e os impostos especiais de consumo para projetos especiais como prédios públicos". À época, o Reino da Baviera era governado por Ludwig I Wittelsbach. Se você não está ligando o nome à pessoa, é aquele mesmo monarca cuja festa de casamento deu origem à Oktoberfest, em 1810.

Mas, desde 1810, a população de Munique havia dobrado para mais de 90.000 pessoas, sem contar os trabalhadores sazonais que migravam do campo. A maioria era de operários que trabalhavam na construção. Quando trabalhavam. Porque apesar do boom de projetos de construção públicos e privados, não havia trabalho suficiente para todos. O serviço militar era obrigatório para os jovens, mas os soldados recebiam tão pouco que muitas vezes precisavam de empregos secundários para sobreviver. A maioria alugava um quarto coletivo com uma cama e, se desse sorte, uma janela. Os salários oscilavam em torno de 30-45 *kreuzer* por dia.

Um único Maß de cerveja (aproximadamente um litro) custava o dobro do aluguel diário, mas era vital. A cerveja era o alimento básico mais importante de uma dieta da classe baixa. Hidratava, preenchia lacunas na nutrição e ingestão calórica e ajudava a diminuir ainda mais o apetite. Os homens da classe trabalhadora bebiam, em média, dois a três Maß por dia. Muitas vezes, pelo menos uma refeição consistia apenas em cerveja. Além disso, cervejarias e tavernas, ofereciam refúgios essenciais das precárias condições de trabalho e da sufocante vida doméstica, além de acesso a redes sociais de apoio. Como explica Brian Alberts, os trabalhadores acreditavam que tinham o direito a uma cerveja boa e saudável: "Era um elemento central do contrato social da Baviera e era obrigatório".

Diante dessa situação, não demorou muito para cartazes como aquele da ponte começarem a aparecer em parques, praças públicas e, até mesmo, do lado de fora da residência real. Um dos quais dizia dramaticamente: "Dois kreuzer são suficientes para uma cerveja!". Outro perguntava: "O que se espera de um regente que deixa seus soldados sofrerem com a falta de comida?". Outros reclamavam que o rei Ludwig I "não tinha amor pelos pobres". Um cartaz afixado perto da residência real pregava mais diretamente: "Se você quer cerveja e pão a preços acessíveis, mate o rei."

Em 1º de maio de 1844 aconteceria o casamento da filha do Rei, Hildegarde, com uma celebração de três dias culminando em um desfile pelas ruas decoradas de Munique. Naquele ano, o aumento dos custos dos grãos pressionou o preço da cerveja para cima. Os números diziam que a cerveja deveria passar a custar seis kreuser e meio. Quando o governo anunciou a mudança em meados de abril, começaram a circular rumores de que "algo aconteceria em 1º de maio". Para piorar a situação, em 30 de abril, o governo sem dinheiro irritou ainda mais os soldados ao revogar o *zulage*, um pequeno subsídio diário dado a cada soldado para compensar a compra de cerveja. Como diz Alberts: "Em 1º de maio, Munique era uma cidade cheia de cerveja cara, milhares de trabalhadores enfurecidos e apenas 115 policiais de plantão."

Os trabalhadores esperaram até depois do casamento de Hildegarde naquela tarde para agir. Prova de que o movimento havia sido deliberado e coordenado. No final da cerimônia, 15 soldados entraram na cervejaria Maderbräu (atual Schneider Bräuhaus). Três avisaram que pagariam apenas seis *kreuzer* pela cerveja. Quando o garçom exigiu a diferença, começaram a bater com os copos na mesa. Trabalhadores próximos se juntaram a eles, acusando o cervejeiro de vender cerveja fraca e ameaçando destruir o local. As batidas foram ficando mais fortes, até que mesas foram viradas e começou a confusão. Do lado de fora, já havia uma multidão reunida, que arrastou as mesas da Maderbräu para a rua e começou a jogar pedras nas janelas. Foi só começo.

Multidões itinerantes de centenas de pessoas, foram de cervejaria em cervejaria, quebrando todos os Maß que encontravam, jogando móveis pelas janelas e despejando barris de cerveja na rua. Os policiais pediram a ajuda dos militares, mas quando os soldados se aproximaram da multidão, os manifestantes entregaram uma cerveja a cada um e brindaram. Afinal, os soldados também faziam parte da classe trabalhadora. Os soldados ofereceram apenas assistência casual durante os tumultos.

A agitação prosseguiu noite à dentro, quando uma multidão de 2.000 pessoas marchou para a residência e o teatro reais, onde Ludwig, funcionários do governo e aristocratas estavam participando das festividades do casamento. Alguns revoltosos fizeram discursos enquanto outros jogavam pedras e diziam insultos. Gritavam que Ludwig os havia esquecido, desperdiçado dinheiro em prédios públicos e amantes e que, ainda por cima, não fizera nada para incluí-los na festa de casamento de Hildegarde. "Onde estavam os fogos de artifício e outros espetáculos públicos?", perguntavam. Ao contrário do que aconteceu no casamento do Ludwig, quando toda a população de Munique foi incluída na festa, por meio da dsitribuição gratuita de cerveja.

Os tumultos prosseguiram pelos dois dias seguintes, com menor intensidade, apesar dos cervejeiros de Munique concordarem unanimemente em baixar o preço da cerveja para seis *kreuser*. Mas já então os trabalhadores exigiam o Maß por 5 *kreuzer*. O governo havia enviado todos os soldados de folga para seus quartéis, e com uma resposta mais preparada e coordenada, conseguiu restaurar a ordem mais facilmente. Duas semanas depois, o governo recompensaria cada soldado que ajudou a reprimir os distúrbios com um bônus de sete *kreuzer*. Como disse Alberts: "basicamente, Ludwig comprou uma cerveja para cada um".

Como explica Carpenter, os governantes de Munique se apressaram a atribuir o motim a algo simples, como meio *kreuser*. Porém, o movimento refletiu queixas específicas e deliberadas. Os revoltosos deixaram as casas particulares em paz e, apesar de todos os danos infligidos às cervejarias, nunca destruíram o equipamento de fabricação de cerveja. Seus alvos (copos, móveis, barris e janelas) ofereciam sinais simbólicos de que o pacto bávaro entre cervejeiro e bebedor havia sido violado. O simbolismo desses três dias foi muito mais profundo do que apenas o preço da cerveja e reverberou por Munique e pela Baviera pelos anos seguintes. Antes do final de junho, pelo menos 25 distúrbios análogos da classe trabalhadora ocorreram em toda a Baviera. E naquele ano a Oktoberfest quase foi cancelada por razões de segurança. Por anos depois, o governo anunciou cada novo *Biersatz* com a respiração suspensa. Pouco depois o *zulage* também foi restaurado. Os acontecimentos mereceram até um comentário de Friedrich Engels no jornal em 25 de maio daquele ano, onde ele afirma: "Se o povo agora sabe que eles podem amedrontar o governo nos assuntos fiscais, eles logo aprenderão que será fácil amedrontá-los em assuntos mais sérios". Quatro anos depois, Ludwig I seria deposto por uma revolução.

Referências

ALBERTS, Brian. "Streets as Stages" – The Munich Beer Riots of 1844. Good Beer Hunting. 15 de julho de 2020. Acessível em: https://abre.ai/iQgI.

Beer riots in Bavaria. Wikipedia. Acessível em: https://abre.ai/iQgJ.

CARPENTER, Kim Newark. "Sechs Kreuzer sind genug fuer ein Bier!": The Munich beer riot of 1844: Social protest and public disorder in mid-19th century Bavaria. Tese de Doutorado. Georgetown University School of Arts and Sciences. Washington D.C., 1998. https://abre.ai/iQgK.

ENGELS, F. Revolta da cerveja na Bavária. The Northern Star. n. 341, 25/05/1844. Disponível em: https://abre.ai/iQgL.

Publicado originalmente em Guia da Cerveja, em 22 de maio de 2022.

CONTEMPORANEIDADE

15

A Lei Seca nos Estados Unidos: as consequências do "nobre experimento"

No dia 5 de novembro de 1933, o Congresso dos Estados Unidos da América aprovou a 21ª Emenda da Constituição norte-americana. Essa emenda revogava a 18ª Emenda aprovada 13 anos antes e que ficou mais conhecida na História como a Lei Seca (1920-1933).

A Lei Seca proibia "o fabrico, venda ou transporte de licores embriagantes dentro dos Estados Unidos e de todos os territórios submetidos à sua jurisdição, bem como a sua importação para os mesmos". Foi ratificada por 36 dos então 48 Estados norte-americanos em janeiro de 1919, com previsão de entrada em vigor um ano depois.

Foi fruto de uma grande campanha contra o cconsumo de bebidas alcóolicas, impulsionada por grupos religiosos (especialmente metodistas, batistas e luteranos). Ao lado de argumentos morais e religiosos, o consumo excessivo de bebidas alcóolicas, principalmente de destilados, era considerado prejudicial á saúde física e psicológica, estando relacionado a problemas de violência doméstica e perda de produtividade no trabalho. Os movimentos pró-temperança tiveram início ainda no final do século XVIII nos Estados Unidos, mas ganharam força no final do século XIX. E os seus ativistas se dividiam entre aqueles que defendiam uma moderação do consumo e aqueles que defendiam a sua proibição completa.

Quando foi ratificada a 18ª Emenda, 33 dos 48 estados americanos já estavam "secos". Ou seja, já possuíam leis estaduais que reduziam em algum nível (ou até mesmo baniam completamente) o consumo de álcool. A Lei Seca veio só ratificar essa situação. Na prática, a 18ª Emenda, Junto com a Lei Volstead (batizada com o nome do congressista pró-temperança Andrew Volstead), que definia bebidas alcóolicas como todas aquelas com mais de 0,5% ABV, colocou na ilegalidade de uma hora para outra a quinta maior indústria do país.

Porém, depois de 13 anos, ficou claro às autoridades norte-americanas que o "nobre experimento", como o definiu o Presidente Herbert Hoover (1929-1933), não havia dado os resultados esperados. Se você já fez algum curso de história da cerveja, é possível que tenha aprendido que a Lei Seca moldou o paladar do consumidor norte-americano, abrindo caminho para a disseminação das American Lagers, mais leves em aroma, sabor e teor alcóolico. O argumento, repetido por Pete Brown entre outros, é o de que "uma geração que não conhecia nada além de refrigerantes rejeitou o amargor das cervejas de estilo bávaro, populares nos Estados Unidos antes da Lei Seca, exigindo algo mais doce". Mas será que a redução do consumo de álcool foi tão expressivo na sociedade norte-americana a esse ponto?

A primeira dificuldade encontrada para a aplicação da lei em todo o território nacional foi a sua fiscalização. O pequeno efetivo não conseguiu impedir o contrabando de bebidas. Facilitado ainda pela conivência de agentes públicos de segurança. O mercado de bebidas contrabandeadas enriqueceu mafiosos e levou ao aumento da criminalidade. Pois seu controle era alvo de uma disputa entre grupos de gangsters que ficou marcada por confrontos violentos e assassinatos.

O álcool contrabandeado era vendido em bares clandestinos, que se multiplicaram. Os famosos *Speakeasy* ("falem baixo", em tradução literal). Que funcionavam no porão ou nos fundos de outros estabelecimentos de fachada e também eram controlados, muitas vezes, por mafiosos. Um agente da Lei Seca calculou que em 1926 havia 100.000 deles apenas em Nova York. Que contavam com autoridades locais entre os seus clientes regulares. Assim, Al Capone (1899-1947), o mais famoso dos gangsters, tinha razão ao afirmar certa vez: "Eu dou ao público o que o público pede".

Além disso, a lei continha uma série exceções e isenções que foram aproveitadas por todos aqueles que pretendiam continuar a tomar o seu trago de costume. Permitia, por exemplo, a fabricação e venda de alcoólicos para outros fins que não bebidas, como o seu uso em pesquisas científicas; o consumo de álcool sob prescrição médica; e também a fabricação caseira de até 200 galões por ano. Obviamente, essas brechas foram aproveitadas por todos aqueles que queriam burlar a lei.

Não há dúvidas de que a Era da Proibição teve grande impacto sobre a indústria de bebidas. Segundo Silvia Limberger, das 1568 cervejarias existentes em 1910, apenas 756 voltaram à atividade em 1934. E Tiago Gomes da Silva afirma que o número de destilarias foi reduzido em 85%. Apesar disso, a Lei Seca acabou tendo o efeito oposto ao que os defensores da temperança pretendiam. Segundo Pete Brown, antes da Lei Seca, havia uma tendência constante de mudança do consumo de bebidas destiladas em direção à cerveja. Porém, como cerveja era muito mais difícil de produzir ilegalmente do que o gim, durante a Proibição os destilados passaram a representar 75% de todo o álcool consumido nos Estados Unidos.

A partir de 1929, fatores como o aumento da violência entre gangsters e os gastos públicos para se tentar fazer cumprir a Lei, impulsionaram a discussão sobre a possibilidade da sua revogação. A pá de cal sobre os argumentos econômicos em favor da Lei Seca foi a Quebra da Bolsa de Nova York em outubro de 1929, que jogou os Estados Unidos no período conhecido como a Grande Depressão. Os argumentos econômicos então viraram a favor da legalização da bebida, que geraria mais empregos, movimentaria a economia e aumentaria a arrecadação de impostos. Em 1932, Franklin Roosevelt (1933-1945) concorreu à presidência com uma plataforma de revogação da Proibição, vencendo a eleição em 42 dos 48 Estados e obtendo 57,4% do total de votos.

A Lei Seca só poderia ter impactado significativamente sobre os paladares norte-americanos se, de fato, tivesse acontecido uma drástica redução no consumo de bebidas alcóolicas. O que não parece ter sido o caso, pelo que ficou dito acima. Quem tinha o hábito de consumir bebidas alcóolicas antes de 1920, deu seu jeito para continuar consumindo durante os treze anos seguintes. E mesmo quem não ainda tinha idade para consumir bebidas alcóolicas em 1920 não parece ter tido dificuldades para conseguir um destilado ilegal durante a vigência da Proibição. Principalmente se os seus pais fossem adeptos de um golinho.

Os motivos para o domínio do mercado pelas American Lagers deve ser procurado em outro lugar. O cenário de crise econômica da Grande Depressão, obrigou as cervejarias sobreviventes a apostar na produção de cervejas mais baratas de se produzir e mais fáceis de se vender. Portanto, cervejas mais leves, que alcançassem um público maior. Enquanto a eclosão da Segunda Guerra Mundial (1939-1945) desestruturou a produção de insumos e destruiu cervejarias na Europa, jogando o velho continente também em um cenário de crise econômica. O que ajudou as American Lagers a dominarem o mercado de cervejas também do outro lado do Atlântico.

Referências

BROWN, Pete. Prohibition. In: OLIVER, Garret (org.). The Oxford Companion to Beer. Oxford Universitary Press: New York, p. 864-870, 2012.

DOMINGUES, Joelza Ester. Revogação da Lei Seca nos Estados Unidos. *Ensinar História*. Disponível em: https://abre.ai/iQgM.

HARFORD, Tim. Por que a Lei Seca, que faz 100 anos, foi um fracasso retumbante nos EUA. *BBC News Brasil*. 17 de janeiro de 2020. Disponível em: https://abre.ai/iQgN.

Lei Seca nos Estados Unidos. *Wikipedia – a Enciclopédia Livre*. Disponível em: https://abre.ai/iQgO.

LIMBERGER, Silvia Cristina. *Estudo geoeconômico do setor cervejeiros no Brasil: estruturas oligopólicas e empresas marginais*. Tese de doutorado. Universidade Federal de Santa Catarina. Florianópolis, 2016.

MARQUES, Teresa Cristina de Novaes. Cerveja e Aguardente sob o foco da temperança no Brasil, no início do século XX. *Revista Eletrônica de História do Brasil*. v. 9, n. 1, p. 48-70, 2007.

SILVA, Tiago Gomes da. Lei Seca, Institucionalismo e Federalismo. *Anais do XVII Encontro de História da Anpuh-Rio – Entre o Local e o Global*. Rio de Janeiro, 2016.

Publicado originalmente em Guia da Cerveja,
em 22 de dezembro de 2022.

1ª. edição:	Fevereiro de 2024
Tiragem:	300 exemplares
Formato:	14 x 21 cm
Mancha:	9,6 x 18,4 cm
Tipografia:	EB Garamond 11
	Libertinus Sans 8/10/11/14/18
	Palatino Linotype 10/11
Impressão:	Offset 75 g/m^2